지구를 살리는
자원순환 환경수업

지구를 살리는
자원순환 환경수업

박숙현 지음

부족한 건 자원, 넘치는 건 쓰레기!
이 지구를 위해 우리가 할 수 있는 일은 없는 걸까요?

한언

우리의 푸른 지구, 하지만 건강은 '빨간 불'

미국의 사진작가 크리스 조던은 수많은 앨버트로스가 플라스틱을 먹고 죽어가는 모습에 큰 충격을 받았어요. 바닷새의 일종인 앨버트로스가 살던 곳은 사람들이 사는 데서 자그마치 약 3,200km나 멀리 떨어진 태평양의 작은 섬이었거든요. 그가 찍은 몇 장의 사진은 우리에게도 충격을 주었는데요. 사람들은 그 사진을 보면서, 우리가 이 땅에서 사용한 플라스틱이 그 먼 곳까지 영향을 준다는 사실에 많이 놀랐지요. 게다가 과학자들은 태평양 한가운데에 플라스틱 섬이 형성되어 있는 것을 발견했답니다. 아직도 그 플라스틱 섬은 커져만 가고 있고요.

그런 일들이 지금의 국제 플라스틱 협약을 만들게 된 계기가 되었어요. 2018년 인도네시아의 해안가에는 향유고래 사체가 떠밀려 왔는데요. 사람들이 그 고래의 위장에서 플라스틱 컵 115개, 플라스틱 병 4개, 비닐봉지 25개 등 총 6kg에 달하는 플라스틱을 꺼낸 장면은 잊을 수 없을 거예요. 아마도 그런 이미지 또한 지금의 플라스틱 협약이 필요하다는 것을 절실히 알린 계기가 되었을 테지요.

우리가 버린 플라스틱을 한가득 품은 채 죽어서 해안가로 밀려오는 고래 이야기는 해마다 계속 들려오고 있어요. 미국의 한 연구팀이 고래 191마리에 위성 송신기를 달아서 먹이 활동을 추적했는데요. 태평양의 해류와 미세 플라스틱 데이터를 취합해서 계산해 보니, 대왕고래 1마리의 하루 미세 플라스틱 섭취량이 약 1,000만 조각에 달한다고 해요. 크릴을 먹이로 삼는 긴수염고래 또한 플라스틱 조각을 100만 조각 이상 섭취하는 것으로 나타났고요.

최근에 우리나라 서해안에서 발견된 보리고래의 내장에서도 일회용 플라스틱 컵 뚜껑이 발견되었어요. 그리고 바다거북의 부검 결과에서도 뱃속에 비닐과 플라스틱 조각이 들어 있었다고 하지요. 그렇다면 인간은 어떨까요? 과연 바다에서 살아가는 고래나 바다거북보다 안전할까요?

미세 플라스틱은 하수 처리시설에서 완벽하게 거를 수 없어요. 강과 바다를 오염시키는 물질이지요. 특히 합성섬유에서 발생하는 미세섬유나 마이크로 비즈 세제, 화장품 등이 해양의 미세 플라스틱이 되고 있다고도 밝혀졌고요. 그런 미세 플라스틱을 먹이로 삼는 해양 생물을 인간이 먹게 되면 어떻게 되겠어요? 우리 몸에도 미세 플라스틱이 쌓이게 되겠지요.

하지만 해양 생물을 먹지 않는다고 해서 미세 플라스틱이 우리 몸에 들어오지 않는 것은 아니에요. 수돗물을 마시는 사람보다 플라스틱 생수병으로 물을 마시는 사람이 9만 개의 미세 플라스틱을 더 섭취하게 된다는 연구 결과가 있었어요. 뿐만 아니라 일상 도처에서 우리는 미세 플라스틱의 위협을 받고 있답니다. 플라스틱 섬유로 만들어진 티백을 사용할 때나, 플라스틱 용기를 전자레인지에 뜨겁게 데울 때 등, 미세 플라스틱과 나노 플라스틱이 우리 몸에 들어오는 일은 비일비재하게 벌어지고 있거든요.

해양 생물을 연구하는 학자들의 발표에 의하면, 해양 생물이 미세 플라스틱을 섭취하면 미세 플라스틱의 환경호르몬이 생체 호르몬 작용을 교란하고 생식기능을 저해해서 문제를 일으킨다고 해요. 하지만 인간에 관한 영향으로는 그 정도가 크지 않다는 연구 결과부터 심각하다는 연구 결과까지 다양한 이야기가 나오고 있어서, 아직은 혼란스러운 상태랍니다.

초기에 제작된 플라스틱이 완전히 분해될 만큼 오랜 세월이 지나지 않았기 때문에, 플라스틱의 수명이나 그 영향에 대해서 설왕설래가 있는 것이지요. 게다가 문제가 있다고 해도, 당장 일회용 플라스틱 제품을 사용할 수 없다면 많은 사람들이 어려움을 겪게 될 거예요. 그러니 규제를 담당하는 정부도 기업과 시민의 눈치를 볼 수밖에 없을 테고요.

그런 복잡한 문제에 대해, 여러분과 함께 답을 찾아보려는 의도로 이 책을 썼답니다. 오늘날은 인간과 에이아이(AI), 지구와 우주를 넘나드는 첨단 기술이 가능한 세상이에요. 그런데도 왜 우리는 플라스틱 쓰레기 문제를 해결하지 못하고 있을까요? 폐기물을 재활용한다고 해도 다시 플라스틱이 될 뿐, 그것이 철이 되거나 나무가 되는 일은 없답니다. 플라스틱을 재활용해서 만든 플라스틱은 다시 해양 생물이나 인간에게 미세한 조각이 되어서 영향을 끼치니, 재활용을 한다고 해서 그 문제를 해결할 수 있는 것도 아니에요.

그러면 어떻게 해야 문제가 해결될까요? 당장은 플라스틱 사용량을 줄여야만 조금이라도 문제를 풀어갈 수 있어요. 텀블러를 들고 다녀야 하는 불편함과 나를 둘러싼 환경 및 생물에 대한 치명적인 영향. 그 가운데 하나를 선택해야 한다면 여러분은 무엇을 선택하겠어요? 환경이 나빠지거나 생물이 사라져서 인간이 받게 되는 영향까지 고려해 본다면, 어느 정도 답은 나온 게 아닐까요?

여러분이 이 책을 통해서 얻고자 하는 답은 2가지 과학적 원리에 기반하고 있어요. 첫째는 우리가 흔히 생각하는 방식인 직선적인 사고를 순환적 사고로 바꿔야 한다는 것이에요. 우리는 흔히들 시간이 한쪽으로만 흘러간다고 생각하잖아요? 그보다는 봄 여름 가을 겨울처럼 지구의 시간이 순환해서 돌아온다는 식으로 사고를 전환하는 거예요. 순환적 사고를 함으로써 지구가 오랜 세월을 지속할 수 있었던 순환의 원리도 깨닫는 것이죠.

둘째는 순환하지 않는 물질들과 그것으로 인한 위험을 이해함으로써, 순환하지 않는 물질을 최소화하는 거예요. 그래야만 인간이 지구에 끼치는 영향이 줄어들어서, 우리 후손들이 이 지구에서 조금 더 오래 살아갈 수 있다는 원리지요. 정리정돈이 잘되어 있던 방이 쉽게 흐트러지는 것처럼, 우리의 노력이 없으면 지구는 점점 엉망이 되어버리거든요.

그런데 이런 원리를 과학적으로 이해해도 우리가 쉽게 행동으로 옮길 수 없는 이유는 무엇일까요? 변하고자 마음먹어도 우리 행동이 쉽게 바뀌지 않는 데는 어떤 이유가 있을까요? 이 문제를 고민하는 내용은 '경제 편(Part 2)'에 담았어요. 인간의 소비 행동과 심리, 그것을 활용하는 경제 시스템을 이해해야만 자원순환의 문제를 풀 수 있을 테니까요.

저는 여러분이 과학과 경제학을 동시에 이해함으로써 자원순환 생활을 실천하는 데 도움을 주고자 이 책을 쓰게 되었답니다. 그리고 '행동 편(Part 3)'에서 다룬 것처럼, 여러분이 자원순환 사회의 리더가 되어 더 많은 사람들에게 그러한 내용을 알릴 수 있기를 바라는 마음도 이 책에 담았어요.

책을 읽고 바로 행동으로 옮길 수 있으면 참 좋겠지요. 하지만 어느 날 갑자기 플라스틱을 아예 쓰지 않겠노라 맹세하면서 그 사용량을 획기적으로 줄이려다 보면, 너무 힘이 들어서 포기하게 되는 순간이 올지도 몰라요. 그러니 매일매일 지킬 법한 약속들로 가볍게 시작하면 어떨까요?

간단하지만, 반드시 기억하면 좋을 자원순환의 원칙!

원칙 하나, 선택할 수 있다면 쓰레기를 가장 적게 남기는 방법으로 소비하기.

원칙 둘, 어쩔 수 없이 쓰레기를 남겨야 한다면 지구에 상처를 가장 적게 주는 물질로 쓰레기를 남길 것.

그리고 여기에 더해서 할 수만 있다면, 주변 사람들에게도 순환과 감량 원칙에 대해 용기 내어 말해 보기!

어때요? 이 정도 실천으로 지구가 건강해질 수 있다면, 우리 모두 한번 해 볼 만하지 않을까요?

박숙현

Part 2 경제학에서는 자원순환을 어떻게 볼까?

Part 3 우리는 자원순환을 어떻게 할까?

Part 1

과학에서는 자원순환을
어떻게 볼까?

제1장

순환하는 것에는 어떤 것이 있을까?

1. 순환, 우리 지구가 사는 법

줄 세우기는 이제 그만!

현대의 문명사회에서 쓰레기를 만들지 않고 살아갈 수 있는 사람은 없어요. 사람으로 태어난 이상 누구나 쓰레기를 만들어 내지요. 먹지 않고 살 수 있는 사람은 없으니 요리 과정에서 버려진 부분은 쓰레기가 되겠지요. 또 쓰임을 다한 물건도 쓰레기가 될 테고요. 그래도 쓰레기를 많이 만드는 사람과 적게 만드는 사람은 분명 존재합니다.

여러분은 어떤가요? 쓰레기를 많이 만드는 사람이 되고 싶은가요? 아마도 쓰레기를 많이 만들고 싶은 사람은 없을 거예요. 누군가에게 악취가 난다면 여러분은 그 사람 가까이 가고 싶지 않을 테지요. 하지만 기분 좋은 향기를 풍기는 사람이라면 가까이 하고 싶은 마음이 들겠지요?

쓰레기 문제도 그렇게 접근해 보면 어떨까요? 그 누구도 악취를 내뿜는 사람처럼 쓰레기를 배출하는 사람은 되고 싶지 않을 테니까요. 그렇다면 쓰레기를 획기적으로 줄이는 방법에는 어떤 것이 있을까요? 여기, 악취를 향기로 만드는 것만큼 '신박한' 방법이 있답니다. 쓰레기가 없어지는 신비한 마법이라니, 과연 무엇일까요?

쓰레기의 사전적 의미는 '불필요하거나 쓸모가 없어서 버려야 하는 것'이에요. 그렇다면 내겐 필요 없지만 누군가에게는 필요한 존재로 만들거나, 어딘가 쓸모 있는 용도를 찾으면 쓰레기는 사라지게 되겠군요.

이렇게 간단하게 풀 수 있는 문제를 왜 여태껏 처리하지 못했을까요? 여러분이 지금 보고 있는 책을 예로 들어 생각해 보자고요. 책은 무엇으로 만드나요? 그래요, 책은 나무로 만들지요. 먼저 나무를 베어서 공장으로 운반해요. 공장에서는 껍질을 벗겨낸 나무를 우드칩이라는 작은 조각으로 만들고, 이것을 물에 불립니다. 여기에 화학약품을 넣어서 나무의 섬유질을 단단하게 붙들고 있는 부분을 떼어내요. 그러면 남은 섬유질은 부들부들해지면서 하얀 종이가 될 준비를 하지요. 씻고 말리기를 반복해서 만들어진 종이는 인쇄소로 배달되어 우리가 보고 있는 책이 된답니다.

그렇다면 우리가 책을 다 보고 난 후에는 어떻게 될까요? 여러분이 아기일 때 보던 책들, 작년에 사용했던 교과서, 그 모든 책들은 어디로 사라졌을까요? 누군가에게 물려주지 않았다면 모두 폐기된 것이 틀림없어요. 태워졌겠지요. 이처럼 나무가 자원이 되고 쓸모 있게 사용된 후에는 폐기하는 것이 당연한 듯 보여요.

그렇다면 여기에 쓰레기가 없어지는 신비한 마법을 어떻게 적용할 수 있을까요? 맞아요, 책을 폐기하지 않고 다시 종이로 만들면 되겠네요. 그러면 우리가 버린 책은 쓰레기가 아니라 자원이 되는 것이니, 책을 쓰레기로 만들지 않는 마법을 부린 셈이 되지요.

'자원을 채굴 ⇨ 가공 ⇨ 상품 생산 ⇨ 상품 이용 ⇨ 폐기한다'는 직선적인 생각은 아주 흔한 사고방식이랍니다. '순환'에 대비해서 '선형'이라는 말을 쓰지요. '순환경제'와 대비해서 '선형경제'라고 하는 것처럼요.

어떤 것을 일직선으로 나열하는 사고는 처음과 끝을 만드는 사고와도 관련이 깊어요. 음료를 사서 마시고 컵이나 병을 버리면 그 모든 과정이 끝나는 것처럼 느끼는 것이 바로 선형적 사고예요. 등수를 매기는 것도 줄을 세우는 방식이지요.

그런데 등수를 매기려면 분명한 척도가 있어야 하잖아요. 예를 들어 돌멩이를 나열한다고 생각해 볼까요. 기준을 돌멩이의 크기로 한다면 작은 것(큰 것)부터 큰 것(작은 것)까지 늘어놓게 되겠지요. 그럴 때 우린 대강이라도 돌멩이의 면적을 그려볼 수밖에 없을 거예요. 다른 특성은 생각하지 않고 그 순간부터는 돌멩이의 면적만 떠올리게 되는 거지요.

그런데 여기에 문제가 있답니다. 그처럼 처음과 끝을 전제하는 선형적 사고는 우리의 생각을 단순하게 만들기 쉽거든요. 친구의 특성이나 장점을 생각하기보다 그 아이가 몇 등인지부터 생각하고, 친구들을 함께 공부하는 동료가 아닌 경쟁 대상으로 생각하는 이유도 결국은 등수를 매기는 줄 세우기 사고방식 때문은 아닐까요?

다른 선진국보다 우리나라 사람들이 유독 아파트를 선호한다고 하지요. 어떤 학자는 그 이유에 대해, 한국인이 단순화된 서열에 따른 선형적 사고를 많이 하기 때문이라는 의견을 내놓은 적도 있어요. 아파트의 모양도 거의 비슷하기 때문에, 결국 위치나 시장 논리에 따라 가격으로 줄 세우기가 훨씬 편하겠지요. 그러면 시장 가치에 따라 투자하기도 쉽고요. 명품 가방이나 명문 대학의 경우도 마찬가지예요. 명품 가방을 샀거나 명문대에 들어간 사람들은 그렇지 못한 사람들보다 더 부자라든가 더 성공한 사람이라는 착각을 하게 만드는 것 같아요.

우리나라 직장인들에게 중산층이란 부채 없는 30평대 아파트나 예금 1억쯤은 갖고 있는 사람들을 일컫는다지요. 하지만 영국의 대학가에서 조사한 결과, 중산층은 자신의 주장과 신념을 가지며 약자를 두둔하고 강자에 대응하는 사람들이라고 합니다. 프랑스인에게는 외국어를 하나쯤 구사하여 폭넓은 세계 경험을 갖추거나, 직접 즐길 수 있는 스포츠가 있거나, 악기 하나쯤은 다룰 수 있는 사람으로 여겨지기도 하고요.

단순화된 선형적 사고는 우리가 순환적 사고와 다양하고 복잡한 사고를 하는 데 방해가 되기도 해요. 가방 브랜드나 아파트 평수, 대학 순위 등 모든 것이 각자의 역할과 기능이 아니라 시장의 가치로만 평가되다 보니, 이 사회를 살아가는 청소년 역시 어른들의 그런 단순한 서열체계에 적응하면서 살고 있다는 생각이 들어요. 사람들의 다양한 취향이나 능력, 특성을 고려한다면 줄 세우기란 쉽지 않을 텐데 말이죠.

학교에서 시험으로 평가받는 것을 벗어나, 노래를 잘하는 아이나 춤을 잘 추는 아이, 공을 잘 차는 아이, 높이 뛸 수 있는 아이, 남의 이야기를 잘 들어주는 아이, 글을 잘 쓰는 아이, 봉사를 잘하는 아이, 물건을 잘 고치는 아이 등등 모두 다른 능력으로 각자를 평가해 준다면 어떨까요? 어쩌면 모두가 인정받고 행복해하는 세상이 되지 않을까요?

우리가 줄 세우기에 익숙해진 것처럼, 처음과 끝을 일렬로 줄 세우는 사고방식은 순환하는 것, 서로 복잡하게 얽혀있는 것에 대해 사고하는 능력도 무디게 만들어요. 서로가 서로에게 영향을 주고받는 '상호성', 끝이라고 생각한 것이 결국 처음으로 연결되는 '되먹임 과정', 복잡성과 정보의 부족으로 발생하는 '불확실성' 등 우리가 생각해 보아야 하는 많은 문제들이 단순한 관계로 존재하지는 않으니까 말이죠.

순환에 관한 문제 역시 단순한 줄 세우기 방식의 사고로는 이해하기 어려워요. 기존의 사고를 전환하는 일이자 상상이 필요한 활동이 랍니다. 일등과 꼴찌가 모두 둥글게 원으로 이어진다면 어디가 일등 이고 꼴찌인지 알기가 어려울 거예요. '닭이 먼저냐, 달걀이 먼저냐' 와 같은 질문처럼 순환의 과정을 이해하기 위해 노력하다 보면, 수직 적인 생각보다는 수평적인 생각을 더 많이 하게 된답니다. 그러고 보 니, 줄을 서기 위해 경쟁하기보다 강강술래처럼 어우러져 행복하게 살아갈 때 더 아름다운 세상이 될 것 같다는 생각이 드네요.

여러분은 어떤가요? 인간의 삶이 태어나는 것으로 시작해서 죽는 순간까지 한 방향으로만 나아가는 여정이라고 생각하나요? 어른이 될 수는 있어도 도로 아기가 될 수는 없으니 정말 그럴듯한 생각입 니다.

하지만 이런 상상을 해 봅시다. 엄마에게 태어나는 순간, 아기로 서 우리의 여정은 시작되지요. 5개월도 되지 않아 아기는 몸을 뒤집 고 조금씩 힘을 길러갑니다. 몸을 뒤집기 시작하면서 조금이라도 원 하는 것에 다가가기 위해 애를 쓰지요. 그러면서 자연스럽게 기어가 는 방법을 터득하게 되고요.

기어가는 데 익숙해질 때쯤 이제는 더 빠르게 직립보행을 하고 싶 어 합니다. 그렇게 일어서길 반복하다가 한 걸음씩 발을 떼는 연습 을 하지요. 일어서는 방법을 익히고, 걷기 위해 수백 번을 넘어지고 주저앉으며, 결국엔 걷고 뛰는 방법을 터득하게 됩니다.

몸을 자유롭게 움직일 줄 알게 되면 여러분처럼 글도 배우고 지식을 쌓아 세상에 필요한 사람으로 성장합니다. 열심히 배운 바를 실천하고 사회의 일원으로 맡은 책임을 다하며 인생을 살아가지요.

그렇게 살다 보면 여러분의 할머니 할아버지처럼 노후를 맞이하게 되고, 언젠간 죽음에 이르게 됩니다. 우리 인생은 그렇게 긴 여정으로 끝나는 것 같습니다. 그런데 인간의 삶이 정말 한 방향으로만 가다가 끝이 나는 걸까요?

우리는 부모님이나 할아버지 할머니께 돌아가신 조상들의 이야기를 듣고, 그분들의 삶을 상상해 보곤 합니다. 할머니 할아버지가 전해주신 세상 이야기를 여러분이 다시 나이가 들어 손자 손녀에게 들려준다면, 아마도 그 이야기는 200년은 너끈히 전해질지도 모릅니다. 그처럼 한 인간의 삶은 죽음에서 끝나는 것이 아니랍니다. 인간의 육체가 흙에서 와서 흙으로 가는 순환의 습성을 가진 것처럼, 한 사람의 인생도 오랜 시간 많은 이들의 입을 통해 두고두고 전달되지요.

불교에는 '윤회'라는 개념이 있습니다. 그것까지는 모르더라도, 많은 사람이 "전생에 복 받을 일을 했다"라거나 "전생에 인연이 있었겠지"라는 식으로 말하는 것을 보게 됩니다. 〈도깨비〉라는 드라마를 보면 한 사람의 영혼이 완벽한 죽음을 맞이하기까지 여러 번의 인생을 살게 된다고 하지요. 바로 환생이나 윤회의 개념과 유사한 이야기입니다. 여기서 환생이나 윤회가 사실이냐 아니냐는 따지지 말자고요. 우리 인류가 어째서 그런 생각을 하게 되었을까 하고 생각해 보면 재미있을 것 같지 않나요?

아마도 지구가 가진 자원의 유한성 때문이었을 거예요. 자원은 유한하고, 그처럼 유한한 자원은 이 지구상에서 계속 돌고 돌아 우리에게 옵니다. 그러니 인간의 영혼도 어디에선가 다른 존재로 다시 태어나는 게 아닐까 하고 생각한 사람들도 있었을 테지요. 또 한편으론 사람들에게 보다 의미 있는 인생을 살 기회를 주기 위해 의도적으로 윤회사상을 만든 것은 아니었을까 하는 상상도 해 봅니다.

여러분도 친구들끼리 "이번 생은 틀렸어"라며 농담을 주고받기도 하지요? 다음 생이 있다는 희망이 있어서 다행이라는 생각이 퍼뜩 드는군요. 정말이지 우리 삶이 반복될 때마다 더 좋은 일을 해서 지금보다 더 나아질 다음 생이라는 기회가 있다면, 현생을 더 착하고 보람 있게 보낼 사람들이 많아질 것 같네요.

인류의 문명이 시작될 때부터 조상들은 알고 있었나 봐요. 우리의 몸은 부모에게서 왔지만, 인간의 육체는 우리가 살아가는 동안 먹고 마신 음식물에서 섭취한 영양분이나 미네랄로 만들어질 수밖에 없다는 사실을요. 그렇기 때문에 흙에서 자란 식물과 그 식물을 섭취한 동물, 또 그런 식물과 동물을 섭취한 우리가 결국은 흙에서 왔고, 죽게 되면 다시 흙으로 돌아간다고 말씀하셨던 건 아닐까요?

돌아야 산다

'순환'이라는 말은 돌고 돈다는 뜻입니다. 그럼 순환하는 것에는 무엇이 있을까요? 교실에서 짝을 바꿀 때도 학생들끼리 돌아가면서 바꿔 앉는 경우가 있지요. 골고루 짝을 맺다 보면 다시 원래의 짝으로 돌아오기도 하고요.

하지만 이렇게 짝을 바꾸는 과정을 반드시 순환으로 보기는 어려워요. 왜 그럴까요? 그 이유는 순환의 2가지 의미 때문인데요. 하나는 흐름을 의미하고, 다른 하나는 지속성을 의미해요. '흐름'이라는 것은 무엇인가가 고정되지 않고 흘러간다는 의미이고, '지속성'은 계속해서 반복적으로 일어나는 성질을 뜻합니다. 다시 말해 순환이라는 것은 다시 원래의 위치로 돌아오는 흐름을, 나아가 그 과정이 계속 반복해서 일어나는 것을 의미해요.

우리 신체도 순환 시스템을 가지고 있어요. 무엇일까요? 맞아요, 심장이 그런 경우예요. 우리 몸은 심장 운동을 통해 혈액이 온몸을 돌아서 다시 심장과 폐를 거치게 됩니다. 그래서 순환계라는 말을 쓰지요. 몸 안의 각 기관에 산소를 전달하고 영양분을 공급하기 위해, 혈액이나 림프액 같은 체액의 흐름이 순환계를 구성하고 있어요.

순환하는 혈액은 폐를 거치면서, 호흡을 통해 들어오는 산소를 운반하거나 섭취한 영양분을 신체에 공급해요. 그리고 신진대사 과정에서 발생한 노폐물을 제거하거나, 이산화탄소를 몸 밖으로 배출하는 역할도 하지요. 체온을 유지하거나 호르몬을 운반하는 역할까지 담당하고 있어요. 혈액의 순환이 멈춘다면 우리 몸은 더 이상 살아 있을 수 없답니다. 지속적인 흐름이 없어지면 시스템이 멈추게 되지요. 그러고 보니 순환 시스템은 생명 시스템과도 같네요.

우리 사회에서도 순환이라는 표현을 사용합니다. '돈이 돌고 돈다'는 표현을 들어본 적 있을 거예요. 어떤 분들은 "경제가 잘 돌아가지 않아 큰일이다"라면서 걱정하기도 하지요. 경제도 결국은 순환하는 시스템으로 이루어져 있어요.

경제의 순환 과정에서는 혈액 대신 돈(화폐)을 떠올리면 돼요. 사회에서 돈이 잘 돌아가야 하는데, 그렇게 제대로 순환하지 않으면 흐름이 멈춰버리고 시스템이 작동하지 않게 되는 것이죠. 그처럼 돈이 한곳에 머무르게 되면 문제가 생기고 시스템이 제대로 작동할 수 없게 되어서, 사회 전체가 어려워진답니다.

어떤 기업이 시장에서 물건을 팔고 이윤을 남겼으면서도 노동자에게 임금을 지급하지 않는다면 어떻게 될까요? 돈을 벌 수 없게 된 노동자들은 돈을 쓸 수도 없게 될 거예요. 그런 식으로 기업이 만들어 낸 물건이나 서비스를 살 수 있는 사람들이 점점 줄어들면, 기업은 더 이상 상품을 판매할 수 없게 된답니다. 그러다가 결국 문을 닫고 말겠지요.

요즘은 현금보다 카드나 전자화폐를 사용하는 사람이 많지만, 과거에는 종이 화폐를 통해서만 물건을 구매했답니다. 그런데 엄청난 양의 화폐를 집 안에 꼭꼭 숨겨두는 사람들이 있었다고 해요. 결국 돈이 잘 돌지 않고, 각종 부정부패나 탈세에 이용되는 등 투명성에 문제가 생겼어요.

그래서 정부는 '화폐개혁'을 통해 오래된 화폐를 새로운 화폐로 교환해 줌으로써, 집 안에 숨어 있는 화폐를 내놓을 수밖에 없게 한 적도 있답니다. 오래된 화폐가 더 이상 유통될 수 없도록 한 것이지요. 물론 역사상 화폐개혁은 다양한 이유와 배경으로 시행되었답니다. 하지만 돈이 제대로 흐르지 못할 때도 활용되었음을 알 수 있지요. 돈이 한곳에 고이지 않고 우리 몸의 순환계처럼 흘러서 돌고 돌 때, 우리 사회도 건강하게 지속 가능해질 수 있습니다. 이런 순환 원리에 입각한 순환경제에 대해서는 '경제 편(Part 2)'에서 더 자세히 알아보도록 해요.

그렇다면 우리의 지구는 어떤 순환 시스템을 가졌길래 그토록 오랫동안 생명체들이 살아갈 수 있는 터전이 되었을까요?

2. 지구의 순환 시스템

태양 아래 새로운 물은 없다

"태양 아래 새로운 것은 없다." 지혜의 왕이라 불리는 솔로몬이 기독교 성경의 전도서에 남긴 말이라고 합니다. 영화나 드라마에서도 종종 듣게 되는 말이지요. 이 땅에 존재하는 모든 것은 새롭게 만들어지기보다, 원래부터 지구에 존재하던 것이 우리 눈앞에 나타나고 사라지기를 반복한다는 뜻이에요. 그러나 자세히 살펴보면 그냥 나타났다가 사라지기를 반복하는 게 아니라, 다양한 방식으로 순환하고 있다는 것을 알게 돼요.

우리가 마시는 물은 대표적인 순환자원입니다. 한번 상상해 볼까요. 물이 지구 밖으로 빠져나가는 일 없이 계속해서 수증기가 되었다가 비가 되었다가, 또다시 하천이나 바다, 지하 암반층 깊이 모여 있다가 내게 왔다고 말이지요. 와~ 내가 어제 마신 물이 2억 년 전 티라노사우루스가 마셨던 물이었을 수도 있겠네요. 정말이지 물이 순환하는 과정을 생각해 보면 태양 아래 새로운 것이 없다는 말에 딱 어울리는 예인 것 같아요.

지구는 태양에서 오는 복사에너지를 받아서 지구상의 생물들이 살아갈 수 있는 토대를 제공해 줍니다. 지금 우리가 숨 쉬는 공기, 마시는 물, 음식으로 섭취하는 영양분, 이 모든 자원은 지구가 인류에게 계속해서 공급해 주는 것이랍니다. 즉 모든 물질은 지구 안에서 순환하면서 공급된다는 뜻이지요. 그런데 지구를 감싸고 있는 공기나 물은 대체 어디에서 온 것일까요?

그 많은 물은 어디에서 왔을까?

지구상의 물은 오랜 세월 동안 형태를 바꿔가면서 존재하고 이동해 왔어요. 이러한 물의 순환이 지구의 생명을 유지하는 힘이 되고 있지요. 지구상에는 약 13억 8,500만km³의 물이 있답니다. 이 물로 지구의 표면을 덮는다면, 평균 2.7km의 두께로 지구를 완전히 덮을 수 있을 만큼 어마어마한 양이에요.

그런데 이렇게 많은 물이 어디에서 왔을까요? 다른 행성과 달리 지구에 이만큼의 물이 있게 된 배경에는 여러 가지 설이 있어요. 많은 학자들은 46억 년 전 태양계가 생성될 당시, 물 분자를 가진 소행성들이 불안정한 궤도 탓에 지구로도 쏟아져 들어왔을 것으로 추정하지요.

일단 지구로 들어온 물은 형태를 바꾸며 계속해서 순환해요. 인간이 생활하는 상온에서는 액체로 존재하기 때문에, 우리는 물을 액체로만 생각하기 쉬운데요. 하지만 하늘로 올라갈 때는 수증기가 되고, 기온이 영하로 떨어지면 얼음이나 눈이 되어 내리지요.

물이 기체가 되기 위해서는 100℃의 끓는점을 지나거나, 표면에서 증발하거나, 식물의 증산작용을 통하는 방법이 있어요. 물이 끓으면 수증기가 되는 것은 쉽게 이해할 수 있는데, 증발은 어떻게 일어나는 것일까요?

증발은 물이 자연 상태에서 수증기가 되는 기화 현상을 말해요. 액체 표면에 있는 물 분자가 활발하게 운동하다가 공기 중으로 날아가 퍼지는 것이지요. 젖은 빨래를 널어놓으면 어느새 뽀송뽀송하게 마르는 것처럼요. 식물이 머금었던 물이 증산작용을 통해서 공중으로 증발하는 것이나, 온천이 발달한 곳에서처럼 지열이 물을 수증기로 만드는 것 모두 물이 기체가 되는 방식이에요.

바닷물은 지구를 빙빙 돌다가 적도를 지나면서 거대한 수증기가 되어 태풍이나 허리케인을 만들기도 합니다. 이런 수증기 덩어리는 비가 되어 우리에게 다시 돌아오지요. 이렇게 물이 무한 반복하며 도는 현상을 '물의 순환'이라고 합니다. 바닷물은 적도와 극지방을 오가며 열을 이동하는 중요한 매체가 되기도 해요. 마치 우리 신체에서 혈액이 순환하면서 체온을 유지해 주는 것처럼 말이지요.

담수의 순환

1968년 아폴로 8호는 우주에서 바라본 지구의 사진을 찍었어요. 파란 지구의 사진을 보면서 사람들은 큰 감동을 받았다고 해요. 푸른 구슬 같은 지구가 매우 아름다웠던 까닭이지요. 지구가 푸른 구슬이 될 수 있었던 이유는 표면의 71%가 물로 덮여 있기 때문이랍니다. 그 물의 97.2%는 바닷물로 존재하고 있지요.

전 세계에서 물을 연구하는 학자들이 10년간 지구의 수자원을 조사하고 계산한 결과, 극지방에 빙하로 얼어 있는 물이 약 2%, 호수와 하천, 지하수로 있는 물이 1%에 못 미친다고 해요. 그런데 인간에게 필요한 물은 대부분 호수와 하천, 지하 대수층에 갇혀 있는 소금기 없는 담수랍니다. 그러므로 우리가 사용하는 담수는 매우 귀한 자원이에요.

하지만 바닷물은 비가 되어 우리에게 되돌아오잖아요? 그러니 우리가 설령 담수를 다 써버린다고 해도, 바닷물이 증발해서 다시 비가 되어 내리면 아무 문제 없는 것 아닐까요?

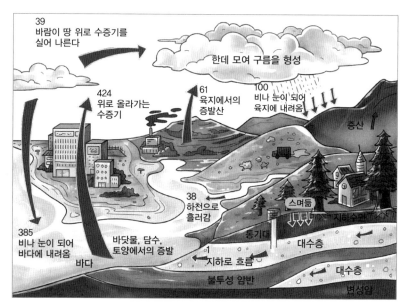

지구상의 물 순환, 숫자는 물 흐름의 상대적인 양을 표시한다.
(출처: 수자원공사, 2020 제28회 세계 물의 날 자료집 p. 10)

　학자들은 증발한 바닷물의 약 90%가 다시 바다로 떨어지고, 약 10% 정도만 바람을 타고 육지로 이동해 비가 되어 떨어진다고 해요. 이 물을 육지에 펼쳐놓는다고 가정하면, 1년 동안 전 지역에 280mm의 비가 내리는 양에 해당한다고 합니다. 우리나라의 강수량이 대략 1,300mm라는 사실을 생각해 보면 다소 적은 양일 수도 있지요. 하지만 우리가 사용하는 담수 가운데 일부라도 바닷물에서 보충할 수 있다면, 유용한 자원을 공짜로 얻게 되는 셈이 아니겠어요? 그런데 우리는 이 빗물의 상당량을 땅속에 채우지 않고 다시 바다로 흘려보내고 있답니다. 물이 스며들 수 없는 도시의 땅, 불투수층 때문이지요.

물은 분명 순환하는 자원이에요. 하지만 우리가 사용할 수 있는 담수는 호수나 강, 대수층(지하수) 등에 이미 저장된 물이랍니다. 게다가 바다와 토양, 식물에서 증발한 후 비가 되어 우리에게 오는 물 또한 넉넉한 편이 아니지요. 마치 우리가 은행에 저축해 놓은 돈이 호수나 강, 대수층에 있는 물이라면, 비로 내리는 물은 우리가 그때그때 벌어들이는 소득과 같은 것이에요.

예금은 놓아둔 채 소득만 가지고 살아간다면, 우리 세대뿐만 아니라 다음 세대까지 오래오래 빚지는 일 없이 살아갈 수 있겠지요. 그러나 벌어들이는 소득보다 더 많은 소비를 하게 되어서, 예금을 조금씩 조금씩 꺼내 쓴다면 어떻게 될까요? 어느 순간 통장은 바닥이 나고 말 거예요. 담수도 마찬가지랍니다. 사람들은 농사를 짓거나 공장을 돌리기 위해서, 1년 동안 내리는 비의 양(강수량)보다 더 많은 물을 사용해 왔어요. 그래서 세계 곳곳에서는 물 부족으로 고생하는 국가들이 많이 있답니다.

중앙아시아의 카스피해 동쪽에 있는 아랄해는 물이 말라버린 호수로 유명해요. 아랄해는 한때 세계에서 4번째로 큰 호수였어요. 해수처럼 짠물로 채워진 곳이었죠. 그런데 1960년대부터 소련(지금의 러시아와 주변 국가)에서 대규모 목화 재배를 위해, 이 호수로 유입되는 하천인 아무다리야강과 시르다리야강의 물을 관개용수로 빼내기 시작했답니다. 그 바람에 호수로 들어오는 물이 70% 이상 감소하였지요.

호수로 들어오는 물이 줄어들자 소금의 농도가 3배 이상 높아졌어요. 그곳에 서식하던 물고기들도 대부분 사라지고 말았지요. 겨울과 여름의 기온 차가 커지고 강수량도 줄어들면서, 결국 주변 지역에서도 작물 생산량이 급격히 감소하였답니다. 그래서 적지 않은 사람들이 그곳을 떠났다고 해요. 늦은 감이 있긴 하지만, 지금은 그 지역을 복구하기 위한 노력이 진행되고 있다고 하니 그나마 다행이지요.

아프리카 나이지리아와 차드, 카메룬 등에 걸쳐 있는 차드호도 세계에서 6번째로 큰 호수였답니다. 그런데 지구온난화와 사막화 속도가 점점 빨라지는 데다 주변 지역의 인구가 증가하면서 그곳으로 유입되는 물이 상당히 줄어들었어요. 2018년에 이미 95%의 물이 사라져서 그곳에 의지하고 살아가던 수많은 어류, 조류, 포유류 등이 자취를 감추고 주민들도 생존을 위협받는 상황에 직면하게 되었지요.

우리나라는 비도 자주 내리는 편이고, 물이 귀하지 않다는 평을 받기도 해요. 하지만 세계적으로 볼 때 물은 매우 귀한 자원임이 틀림없어요. 물은 순환하는 자원이긴 하지만, 낭비되어서는 안 되는 소중한 자원이랍니다.

'식물은 뿜뿜, 오늘도 물을 뿜뿜'

바다에서 비롯된 비 말고도 연간 평균 400mm의 비가 더 발생하는데, 대부분 식물의 증발산 때문이랍니다. 증발산이란 물이 토양이나 식물에서 배출되어 대기 중으로 들어가는 것을 말하는데요, 식물의 증산작용을 그려보면 이해하기 쉬울 거예요.

식물 잎의 바깥쪽 표피에는 공기가 드나드는 기공이 있답니다. 기공으로 받아들인 이산화탄소와 뿌리에서 흡수한 물이 햇볕을 받아서 광합성을 하게 되지요. 즉 포도당을 만들어서 줄기와 뿌리, 열매에 저장하는 활동을 합니다.

이 과정에서 식물은 광합성 외에 증산작용도 해요. 증산작용을 통해 뿌리털에서 빨아올린 물이 잎의 기공을 거쳐 수증기가 되어 식물의 몸 밖으로 나가게 됩니다. 기공은 물과 양분을 식물 전체로 옮기는 중요한 역할을 할뿐더러 식물의 체온을 조절하는 기능도 하거든요. 물이 몸 밖으로 빠져나가면서 식물의 온도가 적정하게 유지된답니다. 열대지방에서 직사광선을 많이 받는 나무들이 잎에 피해를 받지 않고 살아가는 것은 바로 그렇게 온도조절을 스스로 하고 있기 때문이지요.

그처럼 식물은 기공을 통해 엄청난 양의 물을 발산하는데, 미국의 1에이커[1]에서 자라는 옥수수가 증산작용으로 배출하는 물의 양이 1만 1,350L에 달한다고 합니다. 이렇게 배출되는 수분은 비가 되기도 하지만, 대부분은 수증기 상태로 식물이 공기와 토양을 통해 재흡수한다고 해요. 결국 식물의 증발산을 통한 물의 순환량이 아무리 많다고 하더라도, 우리의 부족한 담수를 채워주기는 어렵다는 사실을 알 수 있습니다.

---

1 1에이커는 약 4,000㎡(0.4헥타르)로, 4,000㎡는 200m 달리기 트랙이 그려져 있는 운동장이나 축구장 50% 남짓의 면적과 같다.

해류의 순환

기후위기 시대를 살아가는 우리에게, 대기의 순환보다 더 중요하게 다가오는 것은 해류의 순환 시스템이에요. 조금 어려운 용어로 '열염순환'이라고 하는데요. 바닷물 온도와 염분의 농도에 따라 발생하는 밀도 차이 때문에, 해류가 이동하는 것을 말한답니다. '열(熱)'은 해수의 온도 차이로 발생하는 밀도차를 설명하고, '염(鹽)'은 소금(염분)의 농도 차이를 설명하기 위해 쓴 말이에요.

따뜻한 물과 찬물은 밀도가 달라요. 일반적으로 컵에 찬물과 뜨거운 물을 섞으면 열이 전달되지요. 그 열은 두 물의 온도 차이가 없어지는 순간까지 이동합니다. 그러나 바닷물처럼 거대한 해류가 움직이는 경우에는, 온도 차이가 나는 물이 섞이기까지 아주 오랜 시간이 걸린답니다. 해류의 따뜻한 물은 가벼워서 위쪽으로 이동하고, 찬물은 무거워서 아래쪽으로 이동하게 돼요. 특히 소금의 농도 차이는 해수의 온도 차이와 함께 바닷물의 움직임에 영향을 주지요. 따라서 염분의 농도 차이도 해류가 쉬지 않고 움직일 수 있는 원동력이 됩니다.

대표적인 열염순환의 해류로는 대서양의 멕시코 만류가 있는데요, 북미 대륙과 아프리카, 유럽 사이의 대서양을 오가는 물이에요. 멕시코 만류는 적도 근처에서 발달한 따뜻한 물이라, 비교적 상층부에 있으면서 북쪽으로 이동하지요. 그러나 대서양의 북극 쪽에서 흘러오는 차갑고 염분이 많은 물과 만나 수온이 점점 내려가면서, 바다 아래쪽으로 이동하게 됩니다.

북극해는 바다가 얼 때 수분이 먼저 얼다 보니, 물속에 염분이 많이 남게 되어 차갑고 염분 농도가 높은 특징을 갖고 있어요. 이처럼 차가운 물이 아래로 내려가 심층수가 되어 비교적 느린 속도로 다시 따뜻한 남쪽으로 이동해요. 그러면 다시 수온이 올라가고 따뜻한 물과 섞이면서 염분도 줄어들어 밀도가 낮은 바닷물이 되지요. 조금

극지방을 돌면서 차갑고 무거워진 멕시코 만류가 심해로 들어가서 남쪽까지 흘러온다.

멕시코 만류가 적도 부근의 따뜻한 물을 북대서양을 가로질러 서유럽 쪽으로 가지고 오면서 대기를 데운다.

대서양

멕시코 만류의 순환 시스템

더 가볍고 따뜻한 물이 되었으니 다시 상층으로 이동하겠지요? 이것을 중층수라고도 부릅니다.

이렇게 바닷물은 끊임없이 순환을 반복한답니다. 그리고 이런 열염순환 과정을 통해 주변 지역에 열을 전달해 주기 때문에, 위도보다 따뜻한 지역이 생기기도 하고 위도보다 추운 곳이 생기기도 하지요.

멕시코 만류의 따뜻한 물이 이동해 올라가는 곳에는 유럽이 있어요. 그래서 유럽은 위도가 높은 곳에 있음에도 불구하고 비교적 온화한 날씨를 보이지요. 런던은 북위 51도에 위치하지만 평균기온이 우리나라와 비슷해요. 파리 역시 위도 48도에 있는데도 불구하고 연평균 기온이 12.8℃로, 서울의 연평균 기온과 거의 일치해요. 해류의 이동으로 유럽의 주요 도시는 기온의 연교차가 별로 없는 것으로 유명하고, 강수량의 분포도 연중 큰 차이를 나타내지 않는 특징이 있답니다.

열염순환은 대륙 사이의 대양 간에도 나타납니다. 멕시코 만류가 저위도 지방을 지나 남극 쪽으로 내려와서 아프리카와 아시아, 오세아니아 사이의 인도양과 태평양으로도 이동하는데, 이를 '대양 대순환 해류'라고 부릅니다. 그런데 최근에는 북극의 빙하가 녹으면서 그 주변을 도는 해류의 염분 농도가 줄어들어 밀도차가 적어지는 경향이 나타나고 있어요. 밀도차가 적다는 것은 그만큼 이동하는 힘이 줄어든다는 뜻이자, 해류의 속도가 느려지고 있다는 뜻이지요. 해류의 속도가 느려지면 열을 옮기는 기능이 줄어들기 때문에 과거와는 다른 기후 패턴을 나타낸답니다. 따라서 기후변화가 그만큼 심해질 수 있다는 말이기도 하고요.

대기의 순환

공기는 어떨까요? 물과 마찬가지로 대기도 순환을 합니다. 대기의 순환을 통해 수증기와 에너지가 이동하여 각종 기상현상이 일어나기도 하고, 지구의 열적 평형을 이루기도 하지요. 대체로 위도 35~40도를 기준으로 고위도 지방에는 태양의 열이 적게 도달하고, 저위도 지방에는 에너지가 더 많이 도달해요. 지구적 규모의 대기 순환이 발생함으로써, 그러한 불균형을 해소한답니다.

지역 간의 기온 차이는 기압 차를 일으킵니다. 고온 지역에서는 대기의 온도가 높아지면서 공기가 상승기류를 타고 저기압을 만들어요. 한랭한 지역에서는 그 반대로 하강기류가 만들어져서 고기압을 형성하게 되지요. 적도를 중심으로 고온 지역에서는 공기가 상승하고, 그보다 한랭한 지역, 즉 위도가 30도쯤인 중위도 지방에서는 하강기류가 생성됩니다. 다시 말해, 적도 부근에서 상층부로 올라간 공기가 위도 30도인 지역으로 이동한 뒤에 그곳에서 하강하게 되지요.

그 과정에서 생기는 바람, 즉 30도의 중위도에서 적도로 부는 바람을 무역풍이라고 합니다. 옛날에는 뱃사람들이 바람을 타고 배로 이동하는 일이 잦았는데, 그처럼 중위도에서 적도를 향해 부는 바람에 의존하여 무역했다고 해서 무역풍이라고 부르게 되었다지요.

한편 중위도인 30도에서 위도 60도 방향으로 부는 바람은 서쪽에서 불어온다고 해서 편서풍이라고 합니다. 우리나라는 바로 이 구간에 해당하기 때문에 편서풍 지역이라 할 수 있어요. 봄철이면 우리나라는 미세먼지로 몸살을 앓는데요, 중국의 대기오염이 편서풍으로 인해 우리나라에도 영향을 미치는 것이랍니다. 반면 극지방에서도 위도 60도로 부는 바람이 있는데, 바람의 방향이 극지방의 동쪽에서 시작하기 때문에 극동풍이라고 부릅니다.

이렇게 공기가 이동하며 섞이는 것을 대기의 순환이라고 해요. 그리고 지구적 규모로 나타나는 바람의 이동을 특별히 일컬어 '대기 대순환'이라고 한답니다. 공기가 서로 섞이지 않고 한쪽만 뜨겁고 한쪽은 차가운 상태로 있다면, 아마 지구는 인간이 살기 어려운 행성이 되었겠죠?

영양의 순환

앞에서 대기의 순환이 발생하는 이유를 살펴봤어요. 대기에 도달하는 태양 에너지양의 차이가 온도와 기압의 차이를 만들고, 그로 인해 대기의 순환이 발생하지요. 그렇게 공기가 섞이는 대류 현상이 발생하는 과정에서 여러 가지 원소들도 덩달아 이동하게 됩니다.

대기 가운데 가장 높은 비중을 차지하는 질소는, 지구에 살아가는 많은 생명의 구성요소인 단백질을 만드는 데 꼭 필요한 원소예요. 그런데 공기 중의 질소는 너무 안정된 상태로 존재하기 때문에, 식물들이 질소를 바로 흡수하기에는 어려움이 있어요. 그래서 인위적으로 질소나 인과 같은 여러 영양소를 토양에 넣어주어야 합니다. 그래야 질소가 토양에 녹아들 수 있거든요. 비료나 퇴비가 바로 '질소 고정(대기 중의 질소를 식물이 이용할 수 있는 상태로 바꿔주는 것)'을 위한 형태이지요.

하지만 인위적인 것 말고, 가끔 자연 상태에서도 질소가 공급될 때가 있습니다. 바로 번개가 칠 때랍니다. 번개 덕분에 질소의 안정된 상태가 질산 이온이라는 이온 상태로 변하거든요. 식물은 이온 상태의 질소를 훨씬 잘 흡수한답니다. 번개와 함께 비가 내리면 그 빗물에 이온 상태의 질소가 섞이고, 식물은 질소를 흡수하여 더 잘 자라게 되지요.

이 외에도 땅속의 뿌리혹박테리아와 같은 질소 고정 세균에 의해서 암모늄 이온이 만들어지는데요. 그처럼 분해된 이온을 식물의 뿌리가 흡수하여 단백질이나 핵산 등 질소 화합물을 만들어 저장하게 됩니다. 뿌리혹박테리아와 공생관계를 맺는 콩과식물이 그런 질소 화합물을 저장하지요. 우리가 콩을 '밭에서 나는 고기'라고 부르는 데는 그런 이유가 있답니다. 요즘은 지구를 위한 식단으로 채식이 유행하는 바람에 '채식육'이 판매되는 것을 많이 보게 됩니다. 일명 '콩고기'라고 부르는 식품류가 개발되고 있지요. 콩이 단백질을 많이 함유하고 있어서 고기와 유사한 맛을 낼 수 있기에 가능한 일이랍니다.

그렇게 식물에 흡수된 질소는 다시 그 식물을 섭취하는 사람이나 다른 생물에게 흡수된 후, 배설물이 되어 토양으로 돌아갑니다. 그런 뒤 세균에 의해 분해되어 다시 식물에 흡수되거나 공기 중으로 돌아가지요. 이것을 질소의 순환 과정이라고 합니다. 질소 말고도 공기 중의 많은 원소가 토양을 거쳐 식물이나 동물에게 왔다가 다시 여러 형태를 통해 토양으로 되돌아갑니다. 그래서 이런 순환 과정을 통칭하여 '영양의 순환'이라고 한답니다.

농부들이 질소와 함께 토양에 가장 많이 투입하는 영양소로 인이 있습니다. 유기체는 핵산, 뼈, 이 등을 만들기 위해서 반드시 인이 필요합니다. 따라서 인은 비료로서 가치가 높은 성분이에요. 여러분도 뼈를 튼튼히 하려면 칼슘을 많이 먹어야 한다는 이야기는 들어 봤지만, 인을 많이 섭취하라는 말은 듣지 못했을 거예요. 하지만 인은 칼슘과 함께 뼈와 치아를 튼튼하게 해 주는 대표적인 성분이랍니다.

그런데 인은 공기 중에 있지 않아요. 바위와 같은 토양에 존재하며, 바위가 풍화되며 떨어져 나간 곳에서 무기 인산의 형태로 방출된답니다. 식물은 그러한 무기 인산염을 토양에서 흡수하고, 그것으로 유기화합물을 만들지요. 섭취된 인은 배설되더라도 공기 중으로 가지 않고, 토양의 미생물에게 분해되어 식물이 흡수할 수 있는 형태가 된답니다. 미생물이 없는 호수나 해저 밑바닥으로 흘러든 인은 지각 변동에 의한 지각의 융기를 통해서만 표토층으로 드러나게 되어 순환이 가능해집니다.

태평양의 작은 섬인 나우루는 구아노(동물의 똥)로 이루어져 있었답니다. 그 똥이 인광석의 형태로 땅에 묻혀 있었지요. 영국과 호주, 뉴질랜드에서 인광석을 채굴하기 시작하면서 나우루의 경제는 인광석에 의존하게 되었어요. 1968년에 독립한 후 채굴권을 가지게 된 나우루는 한때 국민소득이 3만 달러를 넘어설 정도로 경제가 부흥한 적도 있었어요.

하지만 현재 나우루는 인광석 광산이 사라지면서, 국민소득이 1만 달러 이하로 떨어지는 불행한 상황을 직면하였지요. 실제로 1968년부터 1990년대 인산염이 완전히 고갈될 때까지 채굴한 인산염의 양이

4,300만 톤에 이른답니다. 인산염 채굴로 인해 섬 전체의 환경이 파괴되다시피 했지만, 정부는 미래에 대한 생각 없이 자원을 관리하지 않았고 환경문제도 중요하게 여기지 않았다고 해요. 그래서 지금의 어려운 시절을 맞게 되었습니다.

인은 분명 순환하는 자원이긴 하지만, 매우 오랫동안 쌓이고 풍화되는 과정을 겪어야 하는 만큼 유한한 자원에 더 가깝다고 볼 수 있어요.

탄소의 순환

기후변화의 원인으로 지목되는 이산화탄소는 간단히 탄소라고도 불립니다. 탄소세, 탄소 중립, 저탄소, 탈탄소 등 탄소라고 불리는 이산화탄소는 온실가스로서 마치 우리에게 좋지 않은 물질이라는 인상을 주기도 하지요. 그러나 탄소 자체는 다양한 탄소화합물을 만드는 데 없어서는 안 될 필수 원소이고, 우리의 호흡과 영양 흡수에도 관여하는 중요한 원소입니다.

여러분이 좋아하는 탄산음료에 들어 있는 탄산도 물에 이산화탄소를 넣어서 만든 것이에요. 이산화탄소가 물에 녹으면 산이 생기는 데, 그것을 탄산이라고 부른답니다. 탄산은 기체로 분리되기 쉬운 성질을 가지고 있어서, 캔을 따는 순간 탄산이 빠져나오며 탁 쏘는 맛을 내는 거랍니다. 그래서 우리가 탄산음료를 마시면 청량감을 느끼게 되지요.

자연에서 만들어진 탄산도 있는데요, 우리나라 충북 청주시 청원구 내수읍 초정리의 약수에는 탄산이 들어 있기로 꽤나 유명하답니다. 갈라진 암반 사이로 스며든 빗물에 암반에서 용해된 물질들이 들어가면서 탄산가스와 산소가 많이 녹아 물이 톡 쏘는 맛을 내게 된답니다.

이 외에도 다양한 물질이 탄소로 구성되어 있습니다. 우리에게 가장 잘 알려진 물질은 아마도 다이아몬드와 석탄일 거예요. 다이아몬드와 석탄은 동일한 화학 성분으로 이루어져 있어서 많은 이들의 궁금증을 자아내기도 했지요.

수많은 탄소로 이루어진 다이아몬드와 석탄의 결정적인 차이는 탄소의 배열에 있답니다. 서로 다른 배열은 탄소 더미에 가해진 열과 압력의 차이에서 비롯돼요. 고온과 고압을 견딘 탄소는 다이아몬드가 되고, 그보다 낮은 온도와 기압을 받으면 석탄이 됩니다. 여러분도 어려운 과정을 견뎌내면 모두 멋진 다이아몬드가 될 수 있을 거예요. 물론 이미 반짝반짝 빛나는 존재이긴 하지만요.

탄소는 우리가 살고 있는 이 세상을 구성하는 가장 중요한 원소가운데 하나입니다. 또 우리 자신을 구성하는 요소이기도 하고요. 우리 몸무게의 70%는 물이 차지합니다. 그 물의 주성분인 산소와 수소를 빼고 나면, 우리 신체에서 가장 많은 원소가 탄소랍니다.

우리가 섭취하는 음식물 가운데 탄수화물은 탄소-수소-산소 (C-H-O)로 이루어진 탄소화합물로, 흔히 당분이라고도 합니다. 곡물 (쌀, 밀, 옥수수 등)이나 감자, 고구마 등에 많이 들어 있지요. 그래서 식사로 곡물을 섭취하고 나면, 탄수화물은 우리 몸에서 분해되어 에너지를 저장하거나 세포를 이루는 주요한 성분이 됩니다. 모든 식물의 세포벽에 있는 셀룰로스 역시 다당류예요.

요즘 다이어트를 하는 사람들이 '저탄고지(탄수화물은 적게, 지방은 많이 섭취하는 다이어트법)' 방법을 활용하기도 하는데요. 지방 역시 탄소-수소-산소로 이루어진 탄소화합물이기 때문에, 에너지를 만드는 데 필요한 성분이라는 점은 같습니다. 다만 에너지 밀도가 높은 지방은 탄수화물보다 2배에 가까운 에너지를 낼 수 있어요. 따라서 적은 양을 섭취하고도 필요한 에너지를 발생할 수 있다는 장점이 있답니다.

탄소도 원래부터 말썽꾼은 아니었어

우리의 삶에 꼭 필요한 탄소는 식물에도 중요한 원소예요. 그리고 어떤 원소와 결합을 하느냐에 따라 매우 다양한 물질을 만들어 내기도 합니다. 그래서 탄소를 기본 원소라고 부르기도 하지요. 그러면 탄소는 어디에서 왔을까요?

빅뱅이 일어난 후 우주에는 헬륨과 수소로 별이 생성되었고, 별 내부의 핵융합 반응으로 탄소가 만들어졌어요. 그 후 초신성의 폭발로 별이 붕괴하면서 원시 지구가 만들어졌지요. 그때 끌어들이는 힘 때문에 탄소가 모여서 지구를 구성하는 물질이 되었다고 합니다. 결국 탄소는 별에서 왔다는 이야기로 들리는군요.

그러나 물처럼 탄소 또한 지구 순환 시스템에서 지속적으로 순환해서 사용되는 것임엔 틀림없어요. 왜냐하면 대기를 구성하는 성분 가운데 이산화탄소는 지구의 역사를 통해 일정한 범위에서 그 양이 유지되었거든요. 물론 인류의 산업혁명으로 그 균형이 무너지기 전까지의 이야기이긴 하지만요. 그렇다면 어떤 과정을 통해 탄소는 지구에서 그처럼 균형을 잡고 있었을까요?

원소기호가 'C'인 탄소는 세상에서 6번째로 가볍고 작은 원소예요. 탄소는 우주에서 수소, 헬륨, 산소 다음으로 풍부한 원소이고,

지구에서는 14번째[2]로 많이 존재하는 원소랍니다.

공기 중에서는 주로 이산화탄소로 존재하지만, 땅에서는 석회암이나 탄산염 등 광물의 형태로 존재해요. 석탄, 석유, 천연가스와 같은 화석연료의 주성분으로도 알려져 있지요. 땅속에서 오랜 세월 풍파와 압력을 견뎌내어 광물이 된 것이에요.

하지만 대개는 식물이 광합성을 통해 이산화탄소를 탄소화합물로 저장하고, 그 과정에 탄소는 생물권으로 들어옵니다. 그리고 동물이 식물을 섭취한 후 다시 에너지원으로 사용하기 위해 분해하면서, 호흡을 통해 이산화탄소로 배출된답니다. 식물도 광합성을 하지 않을 때는 호흡을 하면서 이산화탄소를 내뿜지요.

이산화탄소는 식물을 통해 흡수되는 양과 동식물의 호흡을 통해 배출되는 양이 일정하게 유지되었답니다. 따라서 온실효과를 내는 이산화탄소의 농도는 변화하지 않았고, 지구의 온도도 매우 안정적으로 유지할 수 있었어요. 때로는 화산활동을 통해 암석권에 있던 탄소가 배출되기도 했지만, 화산재로 인해 지구로 들어오는 태양 에너지가 줄어들었기 때문에 온실효과는 크지 않았답니다. 오히려 탄소 농도가 갑자기 증가한 시점은 인류 문명의 급격한 변화를 가져온 산업혁명기로 볼 수 있어요.

---

2 자료에 따라서 12번째, 13번째로 많은 원소라는 의견도 있다.

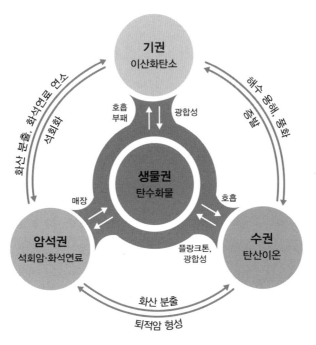

기권
이산화탄소

호흡
부패

광합성

해수 용해, 동화

배출

화산 분출, 화석연료 소연

석회화

생물권
탄수화물

매장

호흡

암석권
석회암·화석연료

플랑크톤,
광합성

수권
탄산이온

화산 분출

퇴적암 형성

탄소의 순환 시스템

산업혁명 기간에 증기기관을 만들고, 암석권에 있던 석탄을 채굴해 에너지를 생산하게 되는데요. 그러면서 지구의 탄소 농도는 가파르게 증가하기 시작했답니다. 석탄 말고도 땅속에 묻혀 있던 석유가 바깥으로 나오면서, 암석권에 있던 탄소가 기권으로 점점 더 많이 배출되었지요. 내연기관 자동차 운행이 전 세계적으로 늘어나면서 석유 사용량도 엄청나게 많아졌어요. 그래서 기권의 이산화탄소 농도가 급증해 지금의 기후변화를 일으키는 지경까지 이르게 되었답니다.

그렇다면 기권에 있는 이산화탄소를 빠르게 없애는 방법에는 어떤 것이 있을까요? 공기 중의 이산화탄소를 생물권으로 흡수하는 방법이 필요하겠지요. 그러기 위해서는 숲을 가꾸거나 바다의 플랑크톤을 늘리는 방법이 가장 좋을 거예요. 바다의 플랑크톤을 늘리는 일을 우리가 직접 하긴 어려워요. 하지만 더 이상 숲을 파괴하지 않고, 나아가 숲을 새롭게 만들어 가는 활동은 가능할 거예요. 그렇지만 여기에도 조건이 하나 있어요. 인간 활동으로 배출되는 이산화탄소를 줄여야 한다는 거예요. 숲으로 이산화탄소를 흡수하는 일만으로는 역부족일 테니까요.

그러고 보니 물의 순환부터 탄소의 순환에 이르기까지, 지구가 자급자족할 수 있는 원리가 바로 순환에 있었군요. 지구는 참으로 현명하네요. 스스로 모든 물질을 순환하도록 만들어서 계속 사용해 왔으니까요. 이런 순환의 원리를 따르는 것이야말로, 우리 인류가 오래오래 지구에서 살아갈 수 있는 방법이 아닐까요.

3. 재활용, 지구 순환의 또 다른 버전

재활용품이 순환자원이 되려면?

2018년은 여러모로 중요한 해였습니다. 기록적인 폭염이 우리나라의 기후변화에 영향을 끼친 사건으로 자주 언급되는 해이기도 하고요, 그해 3~4월은 폐비닐 쓰레기 대란으로 나라 전체가 술렁이기도 했었답니다. 쓰레기 대란의 직접적인 원인은 재활용 폐기물 수거업체들이 재활용 폐기물을 수거해 가지 않았기 때문인데요.

왜 업체들이 재활용 폐기물을 수거하지 않았을까요? 폐기물을 수거하더라도 더 이상 폐비닐이나 폐플라스틱을 팔 곳이 없었기 때문이었답니다. 갑자기 폐비닐이나 폐플라스틱을 팔 곳이 없어졌다니, 믿기 어려운 일이지요?

우리나라에서 재활용 폐기물을 수입하던 중국이 더 이상 폐비닐이나 폐플라스틱 쓰레기를 받지 않겠다고 선언했기 때문인데요. 중국의 경제성장으로, 국민의 건강과 환경보호 차원에서 더 이상 남의 쓰레기를 처리해 주는 국가로 남지 않겠다는 선언이었어요.

그 후엔 어떤 일이 벌어졌을까요? 사람들이 쓰레기를 버리지 않게 되었을까요? 이미 사용했던 폐비닐과 폐플라스틱은 어떻게 처리되었을까요?

우리가 사용하는 물건에는 재활용 표시가 있는 것들이 많지요. 여러분도 생수병이나 음료병, 라면 봉지부터 과자 봉지, 학용품 등등 각종 플라스틱 물건이나 포장지에 붙어 있는 재활용 표시 그림을 봤을 거예요. 왠지 재활용 표시가 있으면 내가 버리더라도 그냥 버려지는 않을 것 같아서 미안함이 조금 줄어들기도 하지요.

그런데 만일 그 물건이 재활용 표시는 있되 재활용되지 않는다면 여러분의 마음은 어떨까요? '재활용도 할 수 없으면서 재활용 표시는 왜 붙여 놓은 거지?' 하는 배신감을 느끼지는 않을까요? 재활용 표시는 '재활용이 가능하다'는 의미일 뿐 반드시 재활용된다는 의미는 아니랍니다. 이것은 무슨 소리일까요? 재활용이 가능하지만 실제로 재활용되지 않는 경우를 생각해 봐야 한다는 것이지요.

재활용은 우리가 재질별로 깨끗하게 분리배출을 제대로 하는 것에서 시작해요. 그렇게 분리된 재활용 제품을 수거업체가 다시 물질별, 색깔별로 선별하는 과정을 거칩니다. 그처럼 선별한 재활용 제품을 재활용 원료로 만드는 업체로 옮기면, 재활용업체에서는 조각조각 쪼개고 플레이크 형태로 만들어요. 그리고 그것을 녹여서 원사(실처럼 가늘게 뽑아낸 것)로 만들거나, 새로운 모양으로 만들 수 있는 형태가 되어야 진짜 재활용이 된답니다.

이 모든 과정에서 어느 한 단계라도 제대로 이루어지지 않는다면, 우리가 생각하는 재활용은 일어나지 않아요. 그러니 그 모든 과정에 참여하는 모두가 한마음으로 재활용을 중요하게 생각하고 행동할 때, 비로소 우리가 생각하는 재활용이 가능해진답니다.

환영받지 못하는 쓰레기, 거대한 산이 되어 돌아오다

'폐비닐 대란'이라는 말은 우리가 겪은 재활용 폐기물 수거 문제를 다소 과장해 표현한 것이긴 해요. 당시 우리나라 마을 곳곳이 쓰레기로 넘쳐난 상황은 아니었거든요. 어떻게 그럴 수 있었을까요?

우리나라는 '폐기물관리법'으로 각 가정에서 발생하는 폐기물을 지방자치단체가 처리하도록 정해놓았답니다. 즉 우리 시, 군이나 구에서는 쓰레기를 잘 처리해야 하는 의무가 있어요. 그러나 아파트 단지의 경우에는 직접 쓰레기 수거업체와 계약을 해요. 아파트에서 분리배출되는 재활용 소재를 업체가 구매하는 방식으로 쓰레기를 처리한답니다. 그처럼 공동주택 단지는 지방정부가 아니라 계약을 맺은 해당 업체가 재활용품을 수거해 왔던 것이지요.

그러다 보니 업체가 재활용 쓰레기를 수거해 가지 않으면서 엄청난 문제가 발생하게 되었어요. 재활용업체로서는 계약 위반에 드는 비용보다 재활용할 수 없는 쓰레기를 처리하는 비용이 더 커질 때, 그런 선택을 할 수밖에 없었을 거예요. 시장가격이 뚝 떨어진 재활용 자원을 판매하기란 어려운 일일 테니까요.

그래서 폐기물을 처리해 주는 대가로 주민들이 돈을 지불할 수밖에 없는 상황이 생긴 거예요. 즉 판매할 수 있는 자원일 때는 돈을 받고 팔았지만, 판매가 불가능한 자원이 되자 돈을 주고 처리를 부탁하는 입장이 된 것이지요. 폐비닐 대란은 결국 정부가 일시적으로 비용을 감당하면서 해결되었어요. 그리고 그 후로는 시민과 기업이 재활용하기 어려운 자원의 사용자와 생산자로서 책임을 떠안게 되었답니다.

모든 거래는 어떤 형태로든 상호 이윤이 남기 때문에 성사되는 것이에요. 즉 양쪽 모두 이익이 발생해야 거래가 성립된다는 의미지요. 여러분이 중고 물건을 사고팔 때도, 내가 생각하는 가치와 상대편이 생각하는 가치가 어느 정도 맞아야 거래가 성사되잖아요? 내가 너무 손해를 본다면 사거나 팔지 않겠지요?

재활용품을 수거해 가는 업체도 이윤을 남기고 팔 수 있어야, 우리에게 돈을 지불하고 폐기물을 가져가겠지요. 아무도 손해 보는 장사를 하지는 않으니까요. 그런데 분리배출이 되어 있지 않아서 재활용품을 제대로 선별할 수 없거나, 선별하는 데 많은 노동력이 필요해서 돈이 적잖이 든다면 어떻겠어요? 수거업체로서는 손해가 발생할 테니 쓰레기를 가져가려 하지 않을 거예요.

그리고 재활용 과정을 통해서 만들어진 재생 재료로 새로운 제품을 만들겠다는 업체도 있어야 하지요. 재생 재료를 구매해 주는 업체가 줄어든다면 재활용품 수거업체도 더 이상 플라스틱 폐기물을 수거하려 들지 않을 거예요. 이익이 남지 않으니 어쩔 수 없는 일이지요.

따라서 우리 소비자가 해야 할 일이 많아져요. 깨끗하게 세척하고, 라벨도 떼고, 투명 페트병도 별도로 모으고, 재질과 색깔도 분리해야 해요. 그래야 수거업체도 큰 손해를 보지 않을 수 있으므로 쓰레기를 수거해 갈 테지요.

그런데 또 하나 재활용을 어렵게 하는 요인이 있어요. 우리가 아무리 분리배출을 잘해도, 재활용된 원료를 사주는 곳이 없다면 아무 소용 없을 거예요. 만일 재활용을 통해 나오는 원료보다 더 값싼 원료가 있다면 어떻게 될까요? 재활용 원료를 구매하는 기업은 없을 거예요.

예를 들어 재활용을 통해 나오는 플라스틱 원료보다 석유에서 바로 만들어 내는 플라스틱이 더 싸다면 누가 재활용을 하려 들겠어요? 그러니 석유를 채굴하거나 수입해 오는 비용이 재활용품을 만드는 비용보다 높아야 재활용률이 올라갈 수 있다는 점을 이해해야 해요. 재활용하는 일이 국제 유가의 영향을 받는 것도 이런 맥락에서 일어나는 현상이랍니다. 그러고 보니 원활한 재활용을 하기 위해서 필요한 요소가 참 많군요.

거기에 또 하나의 요소가 필요합니다. 우리 같은 소비자의 행동이 더해져야 해요. 재활용으로 만든 제품을 선택하는 소비자들이 있어야, 조금 어렵더라도 기업이 재활용 원료로 제품을 생산하려고 할 거예요. 우리 정부는 재활용을 촉진하기 위해서 재활용 재료를 활용하는 기업에 조금 더 혜택을 주고 있어요. 폐기물을 매립하거나 소각할 때 배출되는 오염물질이 많기 때문이에요. 재활용을 통해 매립, 소각되는 폐기물이 줄어든다면 그에 따른 공해도 줄일 수 있답니다.

게다가 재활용 소재를 대신 사용함으로써 천연자원을 오래 보존할 수 있어요. 멀리서 자원을 수입해 올 때 발생하는 '탄소발자국(원료 채굴, 제품 생산·유통, 제품 사용, 폐기의 과정에서 발생하는 온실가스 배출량을 이산화탄소로 환산한 것)'도 줄일 수 있고요. 소비자들이 재활용 제품을 구매하는 일이 이렇게 중요하다는 사실을 다시금 깨닫게 됩니다.

재활용 사업의 시초, 엿장수와 고물 장수

재활용이라는 개념은 언제부터 생겼을까요? 아주 오래전에는 재활용이라는 개념이 없었어요. 그러다 철이나 종이를 재가공해서 쓰는 일을 계기로 재활용은 시작되었답니다. 여러분도 할아버지 할머니에게 전쟁 시절 이야기를 들어본 적 있지요? 전쟁통에 각종 철 제품, 심지어는 숟가락이나 젓가락 같은 물건까지 모두 가져다 무기를 생산했다는 말을 들어봤을 거예요. 전쟁 상황에서는 물자가 부족해지잖아요. 그래서 물자를 빨리 공급하기 위해 기존의 물건을 녹여서 다시 필요한 제품으로 만들곤 했었거든요.

우리나라의 엿장수 이야기도 재미있는 역사인데요. 엿장수가 동네를 돌아다니며 숟가락이나 젓가락 등 쇠로 만든 제품을 엿과 바꿔주곤 했었답니다. "엿 바꿔 먹는다"라는 말이 그렇게 시작되었나 봐요. 엿장수를 통해 서민들이 사용하던 금속을 모을 생각을 했다니, 정말 신박한(!) 아이디어 같지 않나요?

철이나 금속뿐 아니라 폐지나 유리를 모아서 재활용 원료로 공급하던 사람들이 있었습니다. 바로 우리가 '고물 장수'라고 부르던 분들이었지요. 그러고 보니 고물 장수나 엿장수와 같은 분들이 오늘날 재활용 사업의 시초가 된 것이로군요. 지금은 아무짝에도 쓸모없다고 여기는 찢어진 고무신부터 깨진 병까지, 한국전쟁 직후 물자가 귀했던 시절에 고물을 모아서 새로운 제품으로 만들 생각을 하셨다니, 상상력이 대단한 분들이었네요.

전쟁만큼 시급한 상황은 아니었지만, 1960년대 후반부터는 천연

자원의 공급 부족을 걱정하는 목소리가 등장하기 시작했어요. 2차 산업혁명으로 대량의 상품들이 만들어진 탓이에요. 게다가 공해를 일으키는 주범이 중공업이나 제조업이라고 생각하는 사람들이 늘어나면서, 시민의 환경 의식도 꽤 높아졌지요. 이미 제조된 제품을 활용하는 재활용이 공해를 줄이는 길이라고 생각하는 사람들도 점차 많아졌어요.

철로 된 제품을 녹여서 쇳물을 만든 후 다른 제품으로 가공하거나, 사용한 종이, 즉 폐지를 물에 풀어서 다른 종류의 종이(아주 하얀 새 종이가 되지는 않지만)로 제조하는 등 기존 제품을 재가공해서 사용할 수 있다는 사실들이 알려지기 시작했어요. 그러면서 그런 기술을 전문적으로 개발하는 사람들도 등장하게 되었지요.

우리가 매일 접하는 신문지나 포장용 상자의 재료인 골판지는 한 번 사용된 폐지로 만드는 경우가 많아요. 우리나라의 폐지 재활용률은 85%가 넘는다고 합니다. 물론 분리배출을 잘했을 때의 이야기고, 잘못 버려진 종이는 재활용률이 현저히 떨어질 수밖에 없답니다. 그처럼 쇠와 종이, 유리부터 시작된 재활용이 이제는 플라스틱을 재료로 하는 제품까지 확대되고 있어요.

재활용 마크는 플라스틱의 면죄부가 아니야

재활용은 순환의 개념을 적용하기에 아주 좋은 예랍니다. 재활용 마크의 생김새를 살펴보면 순환을 표시하고 있음을 알 수 있어요. 그러나 순환할 수 있다는 이유로 재활용 마크가 표시된 상품을 마구 사용해도 된다는 의미는 아니에요. 플라스틱 제품에 있는 재활용 마크를 보면 단순히 버려지지 않고 새로운 플라스틱으로 재탄생할 것 같은 생각이 들잖아요? 그러면서 왠지 덜 미안한 마음이 들기도 하지요.

하지만 플라스틱이 재활용된다고 해서 환경에 끼치는 유해한 영향이 확실히 줄어드는 것은 아니랍니다. 게다가 플라스틱이 다시 같은 소재의 플라스틱으로 재활용되는 횟수는 한두 번에 그칠 뿐이에요. 또 배달 용기처럼 내열성을 높이기 위해 화학 물질을 섞은 플라스틱은 재활용 제품으로 가공하는 단계에서 녹지 않기 때문에 재활용이 어렵답니다. 하지만 모든 소비자들이 이런 사실을 알고 있는 건 아니에요. 그래서 재활용 마크가 있을 때 죄책감을 덜 느끼며 플라스틱을 버리게 된다고 해요.

미국의 보스턴대학교에서 했던 실험을 예로 들어볼게요. 이 실험은 '재활용 효과 대비 소비한 대로 쓰레기 버리기'라는 연구를 위해 진행되었는데요. 실험에 참여한 사람들에겐 각기 다른 4가지 맛의 주스를 비교하는 실험이라고 안내했대요. 그래서 참가자들은 일회용 컵을 이용해 주스를 맛보는 것이 자신의 임무라고 생각했어요. 하지만 실험의 진짜 목적은 실험 참가자들이 일회용 컵을 어떻게 사용하는지 관찰하는 것이었지요.

참가자들은 2그룹으로 나뉘어 주스를 맛보았는데요. 한쪽 그룹(A)에는 우리가 일상적으로 사용하는 쓰레기통을 옆에다 두었고, 다른 그룹(B)에는 일회용 컵을 버릴 수 있는 재활용품 수거함을 두었어요. 참가자들은 편안한 상태에서 주스를 마시기 위해 일회용 컵을 사용했는데요. 실험 결과는 놀라웠답니다.

일반 쓰레기통이 있던 A그룹 참가자보다, 재활용품 수거함이 비치된 B그룹 참가자가 일회용 컵을 30%나 더 많이 사용한 거예요. 각각의 주스를 맛볼 때마다 매번 다른 일회용 컵을 사용하는 사람들의 숫자가 재활용품 수거함을 비치한 그룹에서 더 많았던 것이지요.

선물 포장지의 사용량을 실험한 연구에서도 비슷한 결과를 확인할 수 있었는데요. 재활용품 수거함이 마련된 그룹의 피험자들이 포장지를 20%나 더 많이 사용했다고 하네요. 그렇다 보니, 재활용할 수 있다는 믿음이 오히려 일회용품을 더 많이 쓰게 하는 것은 아닌지 걱정스럽기도 하답니다.

여러분도 재활용을 할 수 있다면 자원을 덜 사용할 수 있으니 좋은 일이라고 생각하진 않았나요? 재활용을 한다면 공해를 줄일 수 있으니 죄책감 한 스푼 덜어내고 물건을 사용했던 것은 아닐까요? 사실 재활용은 어쩔 수 없이 사용한 제품을 다시 원료로 만드는 용도일 뿐이에요. 아무리 재활용을 한다고 해도 결국 에너지를 사용하게 되고, 한두 번의 재활용 이후에는 쓰레기가 되어서 버려지기 마련이지요. 그러니 재활용이 가능하다는 마크를 보면서 마음 놓는 일은 없었으면 좋겠어요.

4. 음식물 재활용, 지구 순환과 가장 닮은꼴

왜 음식물 쓰레기에서는 악취가 나는 걸까?

코를 찌르는 악취. 누구나 음식물이 썩고 있는 자리에 있다면 한 시라도 빨리 악취에서 벗어나고 싶을 거예요. 도대체 음식물이 썩을 때는 왜 그렇게 역겨운 냄새가 나는 걸까요? 냄새가 가장 심하기로는 생선이 부패할 때인 것 같아요. 하지만 김장철에 농수산물 시장의 배추와 무가 썩어가는 냄새를 맡아본 적이 있다면, 채소에서도 그렇게 심한 냄새가 날 수 있음을 실감하게 되지요.

하수구나 정화조를 떠올리지 않더라도 음식물 쓰레기 옆을 지날 때면 얼굴을 찌푸리게 되는데요. 실제로 악취는 소음과 함께 가장 많이 제기되는 민원 가운데 하나예요. 음식물 쓰레기의 악취는 음식이 부패하면서 만들어 내는 것이지요. 그렇다면 부패는 어떤 이유로 발생하게 될까요?

'썩다', '부패하다'라는 말은 탄소로 이루어진 유기물이 미생물에게 분해되는 현상을 일컬어요. 굳이 음식물이라고 쓰지 않고 유기물이라고 표현한 것은 우리가 먹는 음식물이나 채소, 과일이 아니더라도, 모든 생물체가 분해될 때 같은 현상이 나타나기 때문이에요. 미생물이라는 것은 아주 작아서 우리 눈에는 거의 보이지 않는 생물이라는 의미랍니다. 미생물에는 우리가 잘 아는 박테리아나 바이러스, 녹조에서 보이는 남세균이나 효모, 곰팡이도 있어요.

미생물로 인해 부패가 일어날 때 암모니아 가스, 황화수소 가스, 메르캅탄 등의 가스가 발생해서 악취를 동반하지요. 부패의 기본 원리는 미생물들이 탄수화물, 단백질, 지방으로 이루어진 음식물을 물, 이산화탄소, 메탄, 질소 등으로 분해하는 발효 과정에 있어요. 이 발효 과정에서 미생물은 산소를 소비하고, 메탄과 이산화탄소를 만들어요. 물론 모든 세균이 산소를 소비하고 이산화탄소를 내뿜는 것은 아니지만요.

음식물 재활용의 공신, 미생물

세균은 자연계의 동식물 사체나 배설물을 분해하는 청소부 역할을 해요. 그런 세균에는 크게 2종류가 있는데요, 산소를 좋아하는 세균과 산소를 싫어하는 세균이랍니다. 학자들은 산소가 있는 곳에서 발견되는 세균에 산소를 좋아한다는 의미로 '호기성'이란 이름을 붙여서 호기성 세균이라 불러요. 산소가 없는 환경에서 살아가는 세균에는 산소를 싫어한다는 의미로 '혐기성'이라는 이름을 붙였고요.

하지만 산소를 싫어한다기보다, 산소 없이도 살 수 있는 세균 또한 혐기성으로 분류하곤 합니다. 그러니 혐기성 세균이 반드시 산소를 싫어하는 것이라고 보기는 어렵겠네요. 우리는 산소가 없으면 살 수 없지만, 산소로 호흡하지 않는 생물은 산소가 없는 곳에서도 살아갈 수 있답니다.

'지구 대기에서 21%가 산소인데, 과연 어디에 산소가 없을 수 있다는 거지?' 이런 궁금증도 생길 법한데요. 바다 깊숙한 곳이나 습지, 호수의 밑바닥에는 산소가 없는 환경이 만들어지기도 한답니다. 가끔 신문을 보면 늪에 갇혀 있었던 나무가 수천 년 전 모습 그대로 발견되어 화제가 되기도 하지요. 갑작스러운 지각 변동에 묻혀버린 나무가 분해되지 않고 있는 상태라면 과거의 대기 성분을 그대로 간직하고 있지 않겠어요? 그러니 그 나무를 분석함으로써 과거의 대기 상태를 알 수 있답니다. 무척 신비로운 일이지요.

그런데 우리 일상에서도 산소가 없는 환경이 만들어질 수 있어요. 배가 침몰하거나 지진이 나서, 물속이나 땅속에 갇히는 경우가 그렇답니다. 그때 어느 정도 산소가 남아 있는 공간, 즉 에어포켓이 있으면 일정 시간 동안은 버틸 수 있어요.

그러나 폐쇄된 공간에서 호흡하며 산소를 다 써버리게 된다면, 어느 순간 산소가 없는 상태가 되겠지요. 산소가 없는 공간에 혐기성 세균이 없다면, 그곳에서는 부패가 일어나지 않을 테고요. 그래서 온전하게 보존된 나무가 늪에서 발견될 수 있었던 거예요.

물론 모든 늪과 심해에 산소가 없는 것은 아니에요. 수온과 염분이 낮고 수압이 높을수록 바닷속 용존 기체는 많아질 수 있답니다. 그래서 온도가 낮은 극지방의 심해에는 산소 농도가 꽤 높게 나타나기도 하지요. 그런 공간에서는 호기성 미생물이 분해자 역할을 맡는답니다.

깊은 바다에 가라앉은 생물 사체는 청소를 담당하는 미생물이나 생물들이 분해해요. 별불가사리나 갯벌에서 만날 수 있는 게도 유기물을 처리하는 청소부랍니다. 육지에 생명이 등장하기 전, 바다에서 먼저 생명이 탄생했다는 사실을 떠올려 보세요. 바다의 미생물 또한 그만큼 오랫동안 바닷속 생물들과 함께 살아오면서 분해자 역할을 해 왔음을 알 수 있지요. 우리 몸에 유산균을 포함한 수많은 미생물이 살고 있듯이, 바닷물 생물체에도 수많은 미생물이 존재하며 분해 활동을 한답니다.

해양 미생물은 탄소를 격리하고, 숲에서 생산되는 양보다 더 많은 산소를 생산한다는 평도 받고 있어요. 그래서 해양오염과 지구온난화로 미생물이 줄어들면, 바닷속에 존재하는 산소량(용존 산소)도 감소하지요. 이미 과학자들은 2010년의 바닷물 속 산소량이 1960년대보다 2%가량 줄어들었다는 조사 결과를 발표하기도 했답니다. 미생물의 활동이 줄어들면 탄소를 흡수하고 격리하는 능력도 떨어져서, 지구온난화는 더욱 가속화될 수 있답니다. 그러니 지금부터라도 미생물에게 감사하는 마음을 가져보면 어떨까요?

그러고 보니, 지구가 순환하는 과정에서 미생물만큼 중요한 역할을 하는 생물이 있을까 싶기도 하네요. 미생물이 분해할 수 있다면 순환 가능한 자원이 될 수 있지만, 미생물이 분해할 수 없다면 순환하기 어려운 유기성 자원이 되니까요. 유기물의 분해자, 미생물이야말로 탄소로 이루어진 물질의 순환에 있어서 핵심이 아닐까 싶군요.

음식물 쓰레기도 소중한 자원이에요

코로나19가 발생한 뒤로 도시 텃밭을 일구려는 시민이 많아졌다고 해요. 덕분에 옥상 텃밭이나 주말농장, 공공 텃밭에 이르기까지 많은 텃밭이 생겨나고 있어요.

규모가 작은 텃밭의 농부들은 더욱 신선하고 건강한 작물을 생산하기 위해서, 제초제나 살충제를 거의 사용하지 않아요. 그리고 인공으로 만들어진 복합비료보다는, 직접 거름을 만들어 퇴비로 사용하기도 하지요. SNS에는 수많은 농부님들이 퇴비 만드는 방법을 공유하고 있답니다.

저도 그분들처럼 거름을 만들고 싶어서, 커피 찌꺼기와 깻묵, 톱밥으로 퇴비를 만들어 보았어요. 퇴비가 되기에 좋은 탄질률(탄소와 질소의 비율)을 20~30:1 정도로 보는데요. 갓 만든 커피의 찌꺼기(커피박)는 탄질률이 25:1 정도로, 퇴비가 되기에 매우 적당하답니다. 게다가 수분이 60~70% 정도여서 미생물이 활동하기에도 알맞은 환경이에요.

단지 뜨거운 물을 부어서 커피를 내렸기 때문에 충분한 분해자, 즉 미생물이 없다는 것이 아쉬운 점이지요. 그래서 발효를 촉진하는 흙을 넣어줘요. 그러면 분해가 활발히 일어난답니다. 주로 낙엽이 쌓여서 만들어진 부엽토에는 미생물이 많아요. 이 부엽토를 커피 찌꺼기에 넣어주면 그 속에서 미생물이 활발히 활동할 수 있어요. 그런데 아무리 향긋한 커피로 퇴비를 만든다고 해도, 완전히 분해되어 흙이 되기 전까지는 환경에 따라 지독한 냄새가 나기도 해요.

음식물 쓰레기도 비슷한 방식으로 퇴비가 될 수 있어요. 특히 먹고 남은 음식보다 요리하는 과정에서 발생하는 찌꺼기들은 염분이 거의 없기 때문에, 지렁이나 미생물에 해를 입히지 않고 잘 분해된답니다. 그래서 음식물 쓰레기 또한 토양에 영양을 공급하는 훌륭한 퇴비가 될 수 있지요.

음식물 쓰레기의 악취도 쓸모가 있다고?

산소를 좋아하는 호기성 세균은 유기물을 분해하면서 이산화탄소와 물을 만들어요. 음식물 쓰레기가 썩을 때 물이 생기는 것을 볼 수 있는데요. 유기물 내에 있는 탄화수소에서 탄소(C)는 산소(O)와 만나 이산화탄소(CO_2)가 되고, 수소(H)는 산소(O)와 만나서 물(H_2O)을 만들게 되지요. 그런데 우리가 내뱉는 이산화탄소에서는 냄새가 나지 않는데, 왜 음식물이 분해될 때는 냄새가 날까요?

이산화탄소를 만드는 호기성 세균은 유기물을 분해하는 속도가 빠르고 악취도 별로 없는 편이에요. 하지만 산소가 없는 환경에서 분해 활동을 하는 혐기성 세균은 악취를 훨씬 많이 만든답니다. 혐기성 분해로 만들어지는 암모니아 기체에서 주로 악취가 나거든요. 암모니아는 질소와 수소로 이루어져 있으며, 단백질 성분이 분해될 때 만들어집니다. 소변에서 나는 냄새가 바로 암모니아 냄새라는 사실은 알고 있지요?

암모니아 말고 황도 악취의 중요한 성분이 됩니다. 황화수소는 생선이 부패할 때 악취를 만들기도 하는데, 달걀 썩는 냄새와도 비슷해요. 황화수소는 유독성 기체로, 높은 농도로 들이마시면 치명적인 가스랍니다. 공사하기 위해 하수도관으로 들어갔던 인부들이 유독 가스에 질식했다는 뉴스를 종종 듣게 되지요? 바로 황화수소로 인해 치명적인 가스가 만들어졌기 때문이랍니다. 매우 안타까운 일이지요.

그러나 악취의 주범처럼 보이는 세균은 사실 지구가 계속 유지되기 위해서 가장 중요한 역할을 하는 존재라고 할 수 있어요. 그들이 분해자로 일하지 않았다면, 이 지구는 이미 쓰레기로 가득 차 생물이 살 수 없는 공간이 되었을 거예요. 그중에서도 혐기성 세균들은 유기물을 무기물로 분해하면서 각종 가스를 만드는데, 그중에는 메탄가스도 포함된답니다.

온실가스 가운데 이산화탄소 다음으로 많은 것이 메탄인데, 천연가스(LNG)의 주성분이기도 하지요. LNG 복합 화력발전의 연료인 천연가스는 동일 열량을 기준으로 할 때, 석탄이나 석유보다 이산화탄소를 적게 발생합니다. 따라서 화석연료임에도 불구하고, 현재 석탄 화력발전을 대체해서 탄소 중립(온실가스 배출량과 흡수량을 일치시켜서 순배출량을 0으로 만드는 기후 변화 대응 방법)으로 가는 중간 단계로 인식되고 있답니다.

그런 원리로, 석유와 석탄의 대체 에너지원으로서 부패 과정에서 나오는 메탄을 '바이오 메탄'으로 연료화하자는 목소리가 커지고 있어요. 이미 쓰레기 매립지나 하수 처리시설에서는 그처럼 발생하는 메탄가스를 수집해서 바이오에너지로 사용하고 있고요.

5. 두 얼굴의 메탄

지구온난화 주범, 메탄?

바이오가스는 폐기물에서 생성되는 에너지원이기 때문에, '에너지 회수'라는 재활용의 대상으로 인식되고 있어요. 즉 어차피 발생하는 가스인데 공기 중에 발산하도록 그냥 내버려 둘 것이 아니라, 포집해서 재활용하자는 것이지요. 천연가스처럼 발전소의 에너지원으로 사용하거나, 주방의 도시가스나 프로판가스를 대신하는 방식으로 사용할 수 있다는 말이에요. 그러면 대기 중으로 메탄이 직접 방출되는 것을 막을 수 있기 때문에, 온실효과를 줄일 수 있답니다.

하지만 세균이 분해해 주는 바이오가스에 메탄만 있는 것은 아니에요. 메탄과 함께 이산화탄소도 들어 있고, 황화수소, 암모니아, 질소, 산소 등의 불순물이 들어 있지요. 그런 불순물 때문에 천연가스를 원료로 사용하는 발전소에서 바이오가스를 곧바로 연료로 대체하여 쓸 수 없다는 문제가 생긴답니다. 물론 불순물과 이산화탄소를 제거하는 공정을 거친 후에는 훌륭한 연료로 사용할 수 있지만요.

주요 온실가스에 속하는 메탄(CH_4)은 탄소(C)가 뻗은 네 손에 수

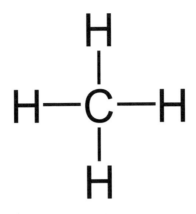

소를 잡고 있는 형식입니다. 매우 안정적이면서 가벼운 탄소화합물 이지요. 메탄 분자 1개가 연소할 때, 산소 분자 2개($2O_2$)와 결합해서 이산화탄소 분자 1개와 물 분자 2개를 만들어 내요. 가만 생각해 보면 메탄 하나는 결국 이산화탄소 하나를 만들어 낼 뿐인데, 왜 메탄은 이산화탄소보다 25~80배나 높은 온실효과를 낸다고 말할까요? 게다가 온실가스 가운데 메탄은 수명이 가장 짧아서, 12년쯤 되면 대기 중에서 사라지는데 말이죠.

문제는 지구 대기에 이산화탄소보다 메탄이 매우 적은 농도로 존재한다는 거예요. 따라서 메탄이 늘어날 때마다 상대적으로 전체 메탄의 농도가 가파르게 증가하게 되고, 그만큼 온실효과가 크게 나타나는 것이랍니다.

최근 북극과 가까운 영구동토층이 해빙되며 그 안에 있던 메탄 얼음덩어리가 녹는 바람에 메탄이 더 많이 발생하고 있어요. 메탄이 많이 배출되면 지구 전체의 상대적 온실효과가 빠르게 증가할 수 있어서 사람들의 우려도 커지고 있지요.

그런 이유로 전 세계 100여 개국이 2030년까지 메탄 배출량을 최소 30% 줄이겠다는 '메탄 서약'도 했답니다. 이런 상황이니, 음식물 쓰레기나 하수 처리장에서 발생하는 메탄을 줄이기 위한 노력도 시급할 것 같아요.

매립지에서 발생하는 메탄, 바이오가스 에너지가 될까

"소의 트림과 방귀에 세금을 붙여라!"하는 목소리까지 등장하고 있는데요. 소의 장에서 살고 있는 미생물이 먹이를 분해하는 과정에서 발생하는 메탄가스 때문이랍니다. 음식물 쓰레기 역시 미생물이 분해하는 과정에서 메탄가스가 발생한다고 앞에서 말씀드렸지요. 그런 메탄을 활용하는 바이오가스 발전소들이 점점 더 많이 세워지고 있답니다.

그런데 이렇게 바이오가스 발전소가 늘어나는 데 따르는 문제도 있어요. 발전소가 많이 생기는 만큼 바이오가스를 생산할 수 있는 하수 찌꺼기나 음식물 쓰레기 등 유기물이 충분하지 않아서, 오히려 옥수수나 목재를 사용하게 되는 경우가 있거든요. 쓰레기를 충분히 확보할 것, 메탄 생성 후 남은 찌꺼기를 유용한 퇴비로 사용할 것 등 여전히 해결하지 못한 과제들이 남아 있네요.

쓰레기를 처리하는 대표적인 방법에 매립이 있어요. 묻어버리는 방법이지요. 유기물인 음식물처럼 토양으로 돌아가는 물질이 아니더라도, 종량제 생활 폐기물의 15%가량이 매립지에 묻히고 있답니다. 대규모 소각장이 만들어지기 전에는, 쓰레기 대부분이 산 중턱이나 해안가 매립지에 묻히면서 우리 시야에서 사라졌지요. 그렇게 쓰레기를 대충 땅에 묻었던 시기도 있었어요.

하지만 문제가 생겼답니다. 쓰레기가 썩으면서 오염된 물인 침출수가 발생해 토양과 지하수를 오염시킨 것이었죠. 그래서 위생적인 매립 방법을 개발하게 되었고, 현재는 대부분의 매립지가 위생적인 방법을 도입하고 있어요. 매립지로 지정된 곳은 주변 토양으로 오염물이 유출되지 못하도록 물을 막는 처리를 하고요, 오염된 물이 한 곳에 모이도록 설계를 합니다. 그래서 침출수를 정화할 수 있는 곳으로 옮기거나 처리할 수 있는 시설을 갖추어 놓는 것이지요.

하지만 매립된 쓰레기가 썩으면서 발생하는 유해가스도 만만치 않답니다. 그래서 흙으로 쓰레기를 잘 덮고, 그 위에 가스를 포집할 수 있는 장치를 갖추기도 해요. 물론 모든 매립지가 가스 포집 장치를 설치한 것은 아니에요. 하지만 대규모 매립지는 그처럼 토양과 대기에 있는 미생물의 생분해 과정에서 발생하는 이산화탄소와 메탄가스를 포집해 발전 연료로 사용하고 있어요. 유해가스 대부분은 이산화탄소와 메탄으로, 둘 다 온실가스랍니다. 따라서 온실가스 배출량을 줄일 수 있다는 점에서 긍정적인 기술로 인정받고 있어요.

그러나 어떤 쓰레기 매립지나 소각장도 완벽하게 오염물을 제어할 순 없어요. 분해 과정에서 발생하는 매립지의 가스와 소각장의 배출가스 모두 주변 공기를 오염시키지요. 어쩔 수 없이 오염에 노출되는 주민들은 건강에 피해를 입을 수밖에 없어요. 그렇듯 피해를 줄 수밖에 없는 상황이라, 매립지와 소각장 주변 주민들에게는 건강 관리와 경제적 보상이 뒤따르게 된답니다.

하지만 자신의 건강까지 희생해 가면서 쓰레기를 받아주고 싶은 사람은 아무도 없을 거예요. 그러니 매립지와 소각장을 늘리지 않기 위해서라도, 우리 각자가 쓰레기를 줄여야 하겠지요? 그래야 환경적, 사회적인 모든 면에서 이 문제를 해결할 수 있을 거예요.

서울의 월드컵 공원에는 특별한 역사가 있어요. 1978년부터 1993년까지 15년간 서울의 각종 쓰레기가 묻혔던 난지도 쓰레기 매립지가 생태공원으로 탈바꿈한 것이랍니다. 도시가 확장되면서 과거에는 서울의 끝자락으로 여겨지던 난지도가 서울 서북부 개발의 핵심 구역이 되었어요. 난지도는 사람들이 피하고 싶었던 매립지라는 혐오시설에서 이제는 산책하고 싶고 방문하고 싶은 도시공원인 선호 시설로 재탄생하는 극적인 변화를 이루었지요. 특히 2002년 월드컵 경기가 열리는 월드컵 공원의 일부가 되면서 난지천공원, 노을공원, 하늘공원, 평화공원, 난지한강공원 등 5개의 공원으로 거듭나게 되었어요. 역사에 큰 족적을 남기게 된 것이지요.

현재 하늘공원과 노을공원에는 가스 포집 장치가 있어서, 그 가스로 월드컵 경기장과 인근 아파트 1만 6,000여 세대, 수십 개의 빌딩에 난방열을 공급하고 있답니다. 하지만 그 쓰레기들이 다 썩으려면 앞으로 얼마나 더 오랜 시간이 지나야 할지 알기 어렵다고 해요. 지금도 몇 미터만 땅을 파도 쓰레기가 그대로 있다는 이야기를 듣거든요. 30~40년 전 과거의 쓰레기가 현재까지 남아 연료가 된다는 사실이 신기하기는 해요. 하지만 한편으로는 우리가 만들어 내는 쓰레기 역시 후손 대대로 남게 될 것을 생각하면 미안한 마음이 많이 들어요.

커피박 이야기

한국인은 이탈리아 사람 저리 가라 할 정도로 커피를 많이 마신답니다. 한국인 1명이 연간 소비하는 커피의 양은 2.91kg 으로, 전 세계에서 8번째로 커피를 많이 마신다고 해요. 2020 년부터 2021년까지 한 해 동안, 우리나라에서 소비된 커피콩 은 15만 톤을 넘었다고 합니다.

그런데 커피 1잔을 만드는 데 필요한 15g의 원두에서 99.8%인 14.97g이 커피 찌꺼기로 버려진다고 해요. 그러니까 뜨거운 물로 커피를 내릴 때 0.2%가량의 성분만 물에 녹아 나오는 것이지요. 그럼 그렇게 많은 커피 찌꺼기는 다 어디로 갈까요?

우리나라 폐기물관리법은 커피박을 생활 폐기물로 분류해 서, 일반 종량제 쓰레기로 처리하게 정해놓았습니다. 하루에 300kg 이상 발생하는 경우에만 사업장 폐기물로 버려지게 되 지요. 따라서 가정이나 소규모 카페에서 발생하는 커피박은 대부분 일반 쓰레기로 버려집니다.

그처럼 탄질률이 좋은 양분을 그냥 버리고 태워 없앤다면 엄청난 영양분이 순환하지 않고 낭비되는 셈이기도 하지요. 한편으로는 커피박 1톤을 태우면 탄소가 338kg 발생하게 되니, 탄소 배출량을 줄여야 하는 면에서도 커피박을 토양으로 되돌리는 일은 매우 중요하답니다.

환경부는 그동안 커피박처럼 순환자원으로 인정받지 못한 여러 자원들을 순환자원으로 인정하도록 법을 바꾸고, 더 많은 자원이 재활용되고 순환될 수 있도록 노력하고 있어요. 그래도 폐기물이었다가 순환자원으로 인정받는 과정이 쉽지만은 않다고 해요. 가능하면 커피박처럼 많은 쓰레기가 순환자원으로 인정받게 되는 날이 오면 좋겠어요.

우리 한번 생각해 볼까요?

1. 지구는 대략 46억 년을 살아왔어요. 그 사이에 대기도 변하고 생물이 없던 상태에서 생물이 탄생기도 하였지요. 매우 추운 빙하기도 4, 5차례 거쳤는데요. 인간은 운 좋게도 매우 안정된 대기 상태와 온난화 덕분에, 지금처럼 농사를 짓고 번영을 누릴 수 있게 되었답니다. 하지만 우리가 배출한 이산화탄소 같은 온실가스 때문에, 자칫 인류가 더 이상 살아갈 수 없는 상태가 될 수도 있어요. 결국 문제를 푸는 열쇠는 인류가 쥐고 있는 셈이지요. 그렇다면 인류가 지구에서 오래오래 살 수 있는 방법은 무엇일까요?

- 지구가 쓰레기로 꽉 차버린다면 우리는 지구에서 건강하게 살아갈 수 있을까요?

- 쓰레기를 없애는 방법으로 땅속에 묻어버리거나 태워버리면 어떨까요? 그러면 토양이나 대기 중으로 분해되어 버리니까, 지구를 오래오래 사용할 수 있지 않을까요?

- 순환할 수 있는 재료로 물건을 만든다면 도움이 될까요?

2. 여기 한 마을이 있습니다. 주민 500명이 살고 있는데 마을 한편에는 논과 밭이 있고요, 그 옆에는 사과와 배를 키우는 과수원도 있어요. 마을 한가운데에는 시장과 상가, 식당가가 있어서 많은 사람들이 장을 봐요. 그 옆에는 학교와 도서관이 있고요. 하지만 우리 마을에 큰 공장은 없어요. 그래서 공기는 좋지만, 어른들은 경제가 어렵다고 늘 말씀하세요. 논과 밭의 반대편에는 작은 숲이 있고, 그 옆에는 좁다란 강이 흐르고 있지요. 강 옆에는 공터가 있는데 가끔 강물이 범람해 들어와요. 어른들은 이곳에 공장을 세워서 일자리를 만들고, 더 많은 사람들이 이사 와서 마을이 더 활기차게 변하기를 바라고 있어요. 여러분 생각은 어떤가요? 단, 조건이 있어요.

1) 우리 마을에선 500명이 먹고 살아갈 수 있을 만큼의 농산물이 재배되고 있고요.

2) 우리 지역의 폐기물 처리장에서는 하루에 모두 합쳐 1kg 정도의 쓰레기만 처리할 수 있어요.

– 어른들의 말씀처럼 공장을 세우려면 무엇이 달라져야 할까요?

– 여러분이라면 마을 공터에 무엇을 만들겠어요?

3. 순환을 기초로 하는 경제를 순환경제라고 하지요. 그렇다면 순환과 반대인 직선적인 사고에는 어떤 것이 있을까요?

– 여러분 주변에서 찾아볼 수 있는 직선적인 것들의 사례는 무엇이 있나요?

– 채굴부터 폐기까지 일렬로 배치하는 사고에 기반하는 경제는 뭐라고 부를까요?

– 그러한 사고가 가져오는 문제점에 대해 생각해 봅시다. 혹은 그 반대의 사례도 생각해 보아요.

– 우리 주변에서 볼 수 있는 순환에 기반한 사례로는 무엇이 있을까요?

제2장

순환하지 않는 것에는 어떤 것이 있을까?

1. 탄소의 변신은 무죄다?

이산화탄소를 잘 모아서 다시 석탄으로

탄소는 우리의 호흡을 통해서 무기질인 이산화탄소로 배출됩니다. 그리고 다시 생물권[1]으로 들어와서 사람이나 동식물에 꼭 필요한 에너지원이 되기도 하고, 유기체의 몸을 구성하는 성분이 되기도 하지요. 산소가 없는 곳에선 혐기성 소화를 통해 메탄으로 형성되어 대기 중에 배출되기도 합니다.

탄소의 순환 과정을 살펴보면, 이산화탄소를 포집하는 다양한 기술로 대기 중에 있는 이산화탄소를 충분히 제거할 수 있을 것 같지요. 그런데 왜 우리는 여전히 이산화탄소를 줄이지 못하고 있는 것일까요? 대기 중의 탄소를 재활용해서 석탄이나 석유 대신 쓴다면, 기후변화 문제도 해결할 수 있을 텐데 말이죠. 실제로 탄소를 포집

---

[1] 지구에는 기권(대기층), 수권(하천, 지하수, 바다), 빙권(극지방의 빙하나 고산지대의 만년설과 얼음), 암석권(암석층)과 생물권이 있다. 생물권은 대기부터 수권, 암석권에 이르는 생태계를 총괄하는 말이다.

해서 저장하는 방법은 포집과 저장 기술, 혹은 CCS(Carbon Capture and Storage)라 불리며, 기후변화를 줄이기 위한 핵심 기술로 각광받고 있어요.

호주 멜버른의 RMIT대학교 연구팀은 기체 상태의 이산화탄소를 고체 탄소 입자, 즉 석탄으로 전환할 수 있는 기술을 개발했다고도 발표했지요. 물론 아직은 실험 단계라서, 이산화탄소를 포집한 뒤 100~120℃의 액체 금속 촉매에 넣어서 미량의 고체 탄소 입자를 만드는 것에 성공한 수준이랍니다.

하지만 이 일을 대규모로 할 수 있다면, 탄소를 대량으로 배출하는 철강 산업이나 시멘트 산업에서 활용할 수 있을 것으로 내다보고 있어요. 오염물을 배출하는 굴뚝에서 이산화탄소를 바로 포집해 고체 탄소로 저장할 수 있으니, 탄소 중립 활동에도 도움이 되겠지요.

그러나 아직 이러한 기술로 포집, 저장할 수 있는 양은 우리가 배출하는 이산화탄소량과 비교했을 때 턱없이 부족하답니다. 2022년 기준으로 우리가 배출하는 이산화탄소의 0.1% 정도밖에 모으지 못했다고 하니, 이미 대기 중에 늘어난 이산화탄소까지 포집하려면 훨씬 더 오랜 시간이 필요할 것 같아요.

어떤 이들은 이산화탄소를 고체화하는 기술에 너무나 많은 비용이 들기 때문에, 과연 기업들이 그런 방법을 상용화할 수 있을지 의문을 제기하기도 해요. 우리가 배출하는 이산화탄소보다 이산화탄소를 고체화하는 데 돈이 훨씬 많이 든다면, 어느 기업이 그 기술을 사용하려 들겠어요?

탄소 중립을 위해서는 이산화탄소를 포집하고 제거해야 하는데, 제품을 생산하는 것보다 포집하는 비용이 더 많이 든다면 어떻게 되겠어요? 소비자들이 과연 그 물건의 가격을 받아들일 수 있을까요? 2배 이상 오른 가격 탓에 물건이 팔리지 않는다면, 결국 공장은 문을 닫게 되겠지요. 그처럼 포집과 저장의 기술을 활용하기 위해서는 비용 효율적인 방법이 개발되어야 한답니다.

'인기짱' 탄소의 비결은?

탄소의 가장 큰 특성은 다른 탄소 원자와 잘 결합할 수 있다는 거예요. 그 덕분에 다이아몬드나 흑연처럼 수많은 탄소가 결합한 동소체(같은 원소로 구성되어 있지만 구조가 다른 물질)를 만들 수 있어요. '아이언맨 슈트'라는 별명이 붙은 탄소나노튜브도 튜브 형태로 만들어진 탄소 동소체라서 가볍지만 매우 단단한 특성을 나타내지요.

탄소는 동소체뿐만 아니라 다른 원소와도 아주 잘 결합하는 편이에요. 세상에는 탄소와 결합해 만들어진 탄소화합물이 1,000만 개에 이른다고 하지요? 다른 모든 원소의 화합물보다도 많다고 할 정도이니, 탄소가 얼마나 매력적이길래 이렇게나 다양한 원소들이 결합하려고 하는지 궁금해지네요. 탄소는 어쩌다 그렇게 인기가 많은 원소가 되었을까요?

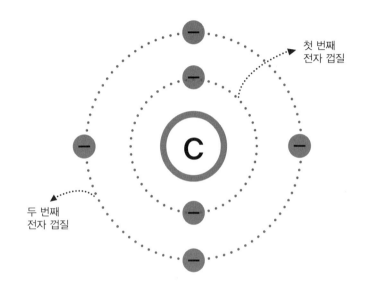

첫 번째
전자 껍질

두 번째
전자 껍질

탄소 원자 모형

탄소는 다른 원자와 잘 결합할 수 있는 생김새를 가지고 있어요. 원자 모형을 보면 원자핵을 둘러싼 전자가 6개 있는데 그중 2개는 안쪽에, 4개는 바깥쪽에 위치하지요. 그래서 다른 원자들과 쉽게 결합할 수 있답니다.

우리가 잘 아는 삼각뿔 모양의 정사면체를 떠올려 보면 쉽게 이해할 수 있어요. 각 꼭짓점에 전자들이 있어서 다른 탄소와 다중으로 결합하면 단단한 구 모양을 이루며 다이아몬드가 되지요.

흑연의 경우엔 위쪽 꼭짓점에 있는 전자를 뺀 나머지 전자가 평평하게 $120°$로 펼쳐져 있어서, 다른 탄소와 수평으로 단단하게 결합하고 있어요. 그래서 흑연은 옆으로는 단단하게 붙어 있지만 위아래의 결합은 약한 편이에요. 연필을 깎다 보면 검은 심(흑연)의 한 면이 쓱하고 쉽게 잘리는 느낌을 받을 때가 있는데, 바로 탄소가 연결된 방식 때문에 생기는 현상이랍니다.

전자의 위치뿐만 아니라, 다른 원자들이 결합하기에 적당한 크기라는 점도 탄소가 공유결합을 하는 데 최적의 조건이 되는 요인이랍니다. 원자들이 결합하는 방식은 여러 가지가 있는데, 그중에서도 공유결합은 서로 전자를 공유하면서 매우 안정적으로 결합하는 방식이에요. 때문에 공유결합을 한 원자는 물에 용해되어도 이온으로 풀어지지 않는 특성을 보이지요.

반면 이온결합을 한 원자는 물에 잘 용해되는 특징이 있어요. 예를 들어 소금은 NaCl이라는 화학기호를 사용해서 나타내는데요, 나트륨(Na)과 염소(Cl)가 결합하였다는 의미지요. 우리가 소금을 물에 넣으면 잘 녹잖아요? 나트륨과 염소는 서로 이온결합이라는 형태로 결합해요. 그런데 그렇게 이온결합을 한 경우엔, 서로의 결합력이 약하기 때문에 잘 풀어져서 다른 분자와 결합할 수 있어요. 즉 소금의 양이온인 나트륨(소듐)과 물 분자의 산소가 더 가까워지고, 소금의 음이온인 염화이온과 물의 수소가 가까워지면서 원래의 결합이 풀어지는 것이랍니다.

탄소는 수소나 질소, 산소, 황, 인 등의 비금속 원소와 안정적인 공유결합 화합물을 만들 수 있어요. 우리에게 잘 알려진 석유는 탄소와 수소의 결합물인 탄화수소로 이루어진 물질이에요. 대표적인 탄화수소로는 메탄이 있어요.

물론 석유의 천연 상태인 원유에는 탄화수소 말고도 황이나 질소, 금속과 같은 다른 불순물이 섞여 있어요. 그렇기 때문에 정제 과정을 거쳐야 좋은 제품으로 거듭날 수 있답니다. 아마 여러분도 '○○정유'라는 회사 이름을 들어봤을 거예요. 최근에는 '○○오일', '○○이노베이션'이란 이름으로도 친숙하지요. 우리나라는 원유가 생산되지 않기 때문에, 정유 회사들은 원유를 수입해 와서 정제한 후 불순물이 제거된 석유제품을 판매한답니다.

플라스틱이랑 석유는 한 형제

조금 더 자세히 알아볼까요. 석유를 구성하고 있는 탄소와 수소의 결합체, 즉 탄화수소라고 표현해 볼게요. 원유에 섞여 있는 여러 종류의 탄화수소를 분리해 내는 과정은 크게 3단계로 구분됩니다.

먼저 '증류 과정'인데요, 원유에 섞여 있는 다양한 화합물을 끓는 점(비등점)의 차이를 이용해서 분리해 냅니다. 그리고 증류된 탄화수소 화합물에서 불순물을 제거하는 '정제 과정'을 거치지요. 마지막으로 정제된 탄화수소 화합물에 필요한 첨가제를 넣는 '배합 과정'을 통해 원하는 성질의 석유제품을 만들어서 판매하게 됩니다.

여러분이 알고 있는 석유제품에는 무엇이 있나요? 먼저 자동차에 넣는 기름, 즉 휘발유가 있지요. 휘발유는 가솔린(gasoline)이라고도 하는데요, 미국인들이 자동차에 주유할 때 '가스'를 넣는다고 말한다고 해요. 그야말로 가스처럼 휘발성이 강해서 그렇게 부르게 되었다고 하네요. 한편 영국인들은 페트롤이라고 부르는데, 석유를 의미하는 페트롤륨(petroleum)에서 나온 말이겠죠.

휘발유 말고도 자동차에 넣는 석유제품으로 경유가 있답니다. 우리가 흔히 디젤이라고 부르는 것으로, 경유차에 넣는 기름이지요. 디젤로 움직이는 엔진이 발명되면서, 과거에는 별로 쓸모없는 것으로 여겨졌던 경유가 요즘은 자동차 연료로 인기를 끌고 있어요. 휘발유와 경유는 끓는점에서 큰 차이가 나는데, 그런 특성을 바탕으로 증류 과정에서 둘을 분리해 낼 수 있답니다.

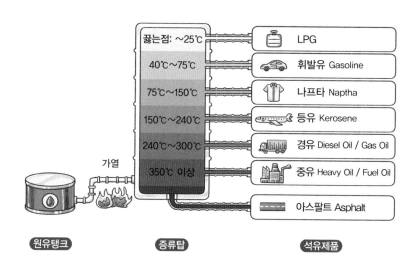

원유의 분별증류에 따른 석유제품
(출처: SK이노베이션, https://skinnonews.com/archives/48028)

원유를 증류장치에 넣고 열을 가하면 맨 윗부분에서 끓는점(약 25℃)이 제일 낮은 액화석유가스(LPG)가 분리됩니다. 그다음에는 끓는점이 40~75℃인 휘발유가 분리되며, 그다음으로 끓는점 75~150℃의 나프타가 분리되지요. 온도가 더 높은 하단에서는 항공유와 등유(끓는점 150~240℃)가 분리되고요. 그 아래로는 가열로가 가장 가까운 만큼 끓는점 240~300℃의 경유가, 그다음으론 끓는점 300~350℃인 중유가 분리됩니다. 그리고 남은 원유의 찌꺼기는 아스팔트로 사용되지요.

이렇게 원유를 분리한 후 석유제품을 만들어서 판매하는 곳이 정유 회사예요. 그리고 그런 석유제품을 받아서 각종 석유화학 제품으로 제조, 판매하는 곳이 석유화학 회사랍니다. 최근에는 'OO케미컬'이라는 이름으로 우리에게 친숙한 회사 대부분이 석유화학 회사이지요. 어떤 기업은 정유 회사와 석유화학 회사를 같이 소유하는 경우도 있긴 하지만요.

식유화학 기업이 정유 회사에서 사 오는 석유제품 가운데 나프타라는 것이 있어요. 우리나라에선 흔히 '납사'라고도 부르는데요. 석유화학 기업은 나프타를 여러 가지 화학제품으로 재탄생시킨답니다.

여러분이 잘 알고 있는 플라스틱이 바로 나프타라는 석유제품을 가공해 만든 대표 상품이지요. 우리는 그냥 뭉뚱그려 '플라스틱'이라는 한 단어로 표현하지만, 플라스틱에도 여러 가지가 있어요. 여러분이 잘 알고 있을 법한 음료를 담는 페트병이나 요구르트병, 스티로폼 상자, 라면 봉지, 세제 용기, 합성섬유, 전자 제품의 부속품인 플라스틱까지, 이 모든 플라스틱은 모두 다른 성질을 가지고 있어요. 우리가 플라스틱을 하나로 취급할 수 없는 이유이기도 하답니다. 우리 생각엔 나일론이나 비닐이 모두 같은 플라스틱 같지만, 하나의 물질로 수거하지 않는 이유이기도 하고요. 다소 어려운 얘기처럼 들리겠지만, 플라스틱과 탄소의 관계를 이해하기 위해 조금 더 살펴볼까요?

플라스틱의 종류

정유 회사에서는 나프타를 분리한 후 가벼운 탄화수소를 먼저 뽑아내게 됩니다. 메탄, 에틸렌(C_2H_4), 프로필렌(C_3H_6), 프로판(C_3H_8) 등이 그런 물질이에요. 화학기호로 표현하니까 어려워 보인다고요? 하지만 탄소 몇 개와 수소 몇 개가 붙어 있냐에 따라 물성이 완전히 달라지기 때문에, 화학기호를 함께 표기하는 편이 이해하는 데 도움이 될 거예요.

화학기호를 보면 에틸렌은 탄소가 2개, 프로필렌은 탄소가 3개로군요. 그것만으로도 둘이 다른 종류의 플라스틱이 되리라는 사실을 어렴풋이나마 알 수 있겠지요? 이런 화합물은 상온에서 기체 상태로 존재하는데, 여러 개의 분자를 사슬로 연결하는 중합 과정을 거치면 털끝처럼 가볍던 기체가 무거운 고체로 바뀝니다.

그 과정을 통해 탄생하는 제품이 고분자화합물, 바로 플라스틱이에요. 에틸렌 여러 개의 분자가 모여서 폴리에틸렌이 되고, 프로필렌 분자가 여러 개 모이면 폴리프로필렌이 된답니다. 여러분이 자주 보았듯이, 재활용 표시에 쓰여있는 'PE', 'PP'가 바로 폴리에틸렌(PE)과 폴리프로필렌(PP)이라는 것을 의미합니다. 그럼 'PS'는 뭘까요? 폴리스타이렌이라는 플라스틱이랍니다. 뭔가 복잡하고 어려워 보이나요?

앞에서 탄소가 얼마나 서로 잘 결합하는 원소인지 설명했는데요. 고분자 상태가 되기 위해서는 촉매제를 넣어서 분자들이 사슬처럼 잘 결합하도록 유도하는 방법을 사용해요.

에틸렌 중합반응

예를 들어 에틸렌은 공유결합을 통해 탄소 2개가 서로 손을 꼭 잡은 채 붙어 있습니다. 그런데 촉매인 유기성 페록사이드를 넣으면, 탄소의 한쪽 손이 촉매를 잡기 위해 맞잡고 있던 다른 탄소의 손을 놓아버립니다. 그러면 다른 쪽 탄소도 갑자기 손이 비게 되면서, 옆에 있는 다른 에틸렌과 결합하게 되는 것이죠. 그런 방식으로 1만 개 이상의 거대한 분자 사슬이 연결된 고분자화합물, 간단하게는 고분자 혹은 폴리머(polymer)라고 부르는 플라스틱을 만들게 됩니다.

물론 촉매제에 따라서 다른 구조가 되기도 하지요. 화학의 세계가 조금 복잡하긴 하지만 새로운 물질을 만들어 낸다는 사실이 정말 신기하지 않나요? 게다가 탄소라는 녀석은 우리가 섭취하는 탄수화물부터 플라스틱까지 다양한 화합물에 없어서는 안 되는 존재잖아요. 그러니 지구온난화의 원인이라는 이유로 미워하기만 해서는 안 되겠지요.

2. 순환하는 탄소, 그렇다면 플라스틱도?

플라스틱의 탄소도 순환할 수 있을까?

우리가 섭취하는 음식물에는 탄소-수소-산소-질소가 적당히 섞여 있어요. 음식은 섭취된 후 몸속에서 연소되어 에너지를 발생하거나, 필요한 부분에 사용되고 나면 나머지 노폐물은 몸 밖으로 배출되지요. 우리가 먹다 남긴 음식물 또한 탄화수소 화합물이어서, 토양을 비옥하게 해 주는 좋은 거름이 되기도 한답니다.

아마 많은 분이 권정생 선생님이 지은 《강아지똥》 이야기를 기억할 거예요. 똥은 땅을 기름지게 하는 거름이 되어 생명을 탄생시키기 때문에, 농부님이 그처럼 소중하게 다루었던 것이지요. 이렇게 탄소가 어떤 형태로 있느냐에 따라 순환할 수 있기도 하고, 순환하기 어렵기도 하답니다. 그렇다면 플라스틱도 탄화수소로 분해해서 순환할 수 있는 탄소로 만들 수는 없을까요?

석유에서 탄생한 플라스틱도 결국은 석유의 주성분으로 만든 것이니, 석유처럼 에너지로 사용할 수 있지 않을까요? 아직 자동차의 휘발유나 경유를 대체하는 플라스틱은 본 적이 없긴 해요. 하지만

〈백 투 더 퓨처〉와 같은 영화를 보면 각종 쓰레기를 넣어서 자동차를 움직이게 하는 장면이 나오기도 하죠. 그렇게 플라스틱을 사용할 수만 있다면 얼마나 좋을까요? 새로 석유를 채굴할 필요가 없어지니 채굴 과정에서 발생하는 온실가스도 줄일 수 있고, 자원을 절약할 수도 있잖아요?

플라스틱은 탄화수소로서 결합을 잘하는 고분자화합물이기 때문에 분해하기가 쉽지 않아요. 유기물이라면 미생물이 분해해서 다시 자연으로 돌아가겠지요. 하지만 플라스틱은 고분자 탄소 사슬이 단단히 결합해 있기 때문에, 미생물이 분해하기 어려워요. 그래서 플라스틱 제품이 분해되지 않은 채 우리보다 오랫동안 살아남아, 수백 년간 지구에서 떠돌아다닐 것이라고 말하곤 하지요. 물론 햇볕이나 바닷물에 노출되어 플라스틱의 결합이 약해져서 쪼개지기는 할 거예요. 하지만 그것 또한 미세 플라스틱으로 계속 남아 있을 테니, 문제는 여전하겠군요.

'플라스틱 함부로 발로 차지 마라'

그렇다면 플라스틱에 열을 가해서 분해하는 방법은 없을까요? 고

열을 가하면 열분해가 발생하는데요, 쉽게 말하자면 물질이 타는 것도 비슷한 원리예요. 산소가 공급되는 상태에서는 활활 타지만, 산소가 잘 공급되지 않는 조건을 만들어 놓고 고열을 가하면 분자 사슬이 슬슬 풀리게 된답니다. 숯을 만드는 과정과도 같아요. 숯을 만들 때 나무를 화덕에 넣고 불을 붙이는데, 이때 산소가 들어가지 않게 화덕 입구를 막고 나무를 태우거든요. 그러면 고열 때문에 나무의 천연고분자인 셀룰로스가 분해되면서 사슬 결합이 끊어져요.

약 200℃까지는 나무에 있던 수분이 수증기가 되어 빠져나오고, 온도가 더 올라가면 이산화탄소와 목초액이 빠져나오지요. 그리고 500℃ 이상 높은 온도가 되면 타르, 메탄, 일산화탄소 등 다양한 가스들이 나오게 된답니다. 최종적으로 수소 가스가 발생하고 나면, 약간의 미네랄만 포함한 탄소 덩어리인 '숯'이 남게 되지요. 물론 모든 나무가 좋은 숯이 되지는 않아요. 셀룰로스 길이에 따라, 어떤 나무들은 숯이 아닌 재가 되어버리기도 한답니다. 숯을 만드는 과정을 살펴보니, 저도 누구에겐가 한 번이라도 뜨거운 사람이었나를 떠올려 보게 되네요.

다시 플라스틱 이야기로 돌아가 볼게요. 플라스틱도 고온으로 열분해를 할 수 있다면 숯처럼 만들 수 있지 않을까요? 아니, 석유에서 왔으니, 석유로 되돌아갈 수 있지는 않을까요?

플라스틱은 석유에서 나온 게 맞아요. 하지만 석유는 매우 복잡하고 오랜 과정을 통해 만들어진답니다. 석유의 기원에 대한 설명 가운데 가장 유력한 것은 생물의 사체가 고온과 고압을 거쳐서 생성되었다는 설이에요. 공기와 접촉하지 않은 상태에서 생물의 사체가 퇴적물과 섞인 채, 땅속에서 오랫동안 엄청난 압력과 지열을 받아 탄화수소가 되었다는 거지요.

플라스틱도 마찬가지 아닐까요? 유전이 발견되는 땅과 같은 곳에서, 공기와 접촉하지 않는 상태로 오랜 시간 고압과 고온을 견뎌내면 다시 석유가 될 수도 있겠지요. 하지만 무척 오랜 세월이 필요하다는 문제가 남아 있네요.

그렇지만 어떤 사람들은 플라스틱이 다시 석유가 될 수 있다고 주장했어요. 재활용으로 분리배출되는 플라스틱은 재활용 물질로 탄생하기도 하지만, 물질로 재활용이 어려운 플라스틱은 태워서 석유의 대체 연료로 사용할 수 있으리라 기대했던 것이지요. 그래서 플라스틱에 고열을 가해서 일종의 석유인 '열분해유'를 만들어 냈답니다. 아직 실증 단계이긴 하지만, 플라스틱이 석유와 같은 자원이 될 수 있다니 정말 놀라운 일이지요?

하지만 열분해유에는 염소나 질소 같은 물질이 포함되어 있어요. 그렇기 때문에 일반 원유에서 나온 나프타와 같은 재료로 취급하기는 어려워요. 별도의 공정이 더 필요하단 말이지요. 그런 열분해유로 재탄생하는 플라스틱을 '재활용 플라스틱'이라 불러요. 물질로 재활용하기 어려웠던 플라스틱을 기술 개발을 통해 다시 플라스틱 원료로 재활용할 수 있다는 사실이 반갑긴 합니다. 그러나 모든 플라스틱이 열분해유가 될 수 있는 것은 아니에요. 아직은 주로 폐비닐을 이용하는데요, 열가소성을 지닌 폴리에틸렌과 폴리프로필렌 제품으로 만들 수 있다고 합니다. 폴리에틸렌 테레프탈레이트(PET)나 나일론 같은 플라스틱은 열을 가해도 열분해유를 생산하기는 어렵다고 해요. 플라스틱이라고 해서 모두가 원래의 모습인 석유로 돌아가는 것은 아니라는 말이지요. 하지만 그중에서도 투명 페트병은 원사를 거쳐 티셔츠 등의 합성섬유로 가장 활발하게 재활용되고 있으며, 식품 용기나 화장품 용기로 재탄생하기도 한답니다.

왜 숯불고기가 더 맛있는 걸까?

숯불을 이용해서 고기를 구워 먹으면 왜 더 맛있게 느껴질까요? 일반적인 나무를 태우면 그 안에 포함된 수분이나 휘발성 물질들 때문에 열손실이 발생합니다. 하지만 탄소로 구성된 숯을 태우면 증발열로 인한 손실이 없어져서 완전연소가 되기 때문에, 더 뜨거운 상태로 고기를 구울 수 있어요. 게다가 숯이 품고 있던 향이 고기에 배어들어 풍미를 더하는 효과도 있지요. 특히 연소하며 다른 물질에서 나오는 성분이 없기 때문에, 기름이나 다른 물질이 섞이지 않는 한 연기가 나지 않는 것도 숯불을 사용하는 장점 가운데 하나입니다.

숯불 말고도 숯은 습도를 조절하거나 필터, 방부제로 쓰이기도 하는데요. 숯에 있는 미세한 구멍들이 수분을 흡수해 습도를 조절하고, 방부 효과도 낸다고 해요. 석탄 역시 식물층이 매몰되어 퇴적암으로 되었다가 광물질로 변이된 것이라고 보고 있어요. 고열과 고압 때문에 식물층의 고유성분 중 수소와 산소가 빠져나가고, 탄소만 남아 석탄이 된 것이지요.

소각장과 자원회수시설

우리가 가정에서 쓰레기를 버릴 때를 생각해 보아요. 좀 복잡하긴 하지만, 유리병과 종이, 플라스틱, 건전지, 형광등, 옷, 비닐류 등을 분리한 후 음식물 쓰레기까지 골라내면, 나머지는 일반 쓰레기라고 해서 종량제봉투에 넣어서 버리게 되지요.

종량제봉투에 담아 버리는 각 가정의 일반 쓰레기를 생활 폐기물이라고 불러요. 이런 생활 폐기물은 각 지역의 지방자치단체가 책임을 지고 수거해 가게 됩니다. 쓰레기 트럭이 마을을 돌면서 쓰레기를 수거한 후 일부는 매립지로, 또 일부는 소각장으로 가는 거지요. 여기서 소각이란 뭘 의미하는 걸까요?

'태워 버리다'라는 뜻의 소각은 몽땅 태워 버리는 방식으로 쓰레기를 없애는 것을 의미합니다. 물론 완벽하게 없어지지는 않아요. 말하자면 소각이란 매립할 쓰레기의 부피를 줄이는 데 초점을 맞춘 처리 방법이에요. 우리나라 대부분의 소각장에서는 쓰레기를 태우고, 남은 재만 매립장으로 옮겨서 묻고 있지요. 그처럼 매립 과정이 필요하니, 소각장이 쓰레기의 종착역은 아닌 셈이에요.

과거에는 쓰레기를 태우면서 발생하는 다이옥신과 같은 발암물질 때문에, 소각장이 동네에 들어오는 것을 반대하는 시위가 많았어요. 그에 비해 요즘 짓는 소각장은 훨씬 좋은 기술과 설비를 갖추고 있어서, 쓰레기를 태울 때 우리 몸에 해로운 물질들을 덜 배출하기는 해요. 하지만 쓰레기 처리시설이 집 근처에 생기는 것을 달가워하는 사람은 아무도 없겠지요. 그래서 소각장이나 쓰레기 매립장은 대부분 도시 중심부에서 멀리 떨어진 곳에 자리 잡고 있답니다.

그런데 최근 들어 '자원회수시설'이라고 이름 붙은 시설들이 도심에도 많아지고 있어요. 이름이 붙어 있지 않다면, 건물 외관도 알록달록 예쁜 색으로 꾸며놓아서 쓰레기를 처리하는 시설인지 알아보기 힘들 때도 많아요. 그렇다면 자원을 회수한다는 의미는 무엇일까요? 단순히 쓰레기를 태워서 없애버리는 시설과 쓰레기를 태우면서 자원을 회수하는 시설은 같은 것일까요?

자원회수시설은 소각장에서 쓰레기를 태울 때 발생하는 열을 근처에 있는 복합화력발전소 같은 곳으로 보내요. 그 열로 물을 데우고 거기서 나오는 증기를 통해 전기를 생산하기도 하지요. 이처럼 자원회수시설은 소각장처럼 쓰레기를 태우는 것보다는 쓰레기에서 열에너지를 회수하는 데 집중하는 시설이에요. 그러니 단순 소각장과는 조금 다른 개념으로 봐야 하지요. 물론 자원회수시설을 여전히 소각장이라고 부르는 어른들이 많긴 하지만요.

쓰레기에 포함된 종이나 플라스틱 등 각종 연소 가능한 물질을 태워서 열에너지를 얻었으니, 에너지 자원을 회수했다는 표현이 전혀 근거 없는 말은 아니에요. 소각에 그치지 않고 열에너지를 회수할 수 있어서 요즘 새로 만드는 소각장은 자원회수시설로 짓도록 정하고 있어요. 그렇다면 쓰레기 중에서도 열에너지가 높은 플라스틱 쓰레기는 자원회수시설로 와야 하지 않을까요?

플라스틱도 석유처럼 에너지로 쓸 순 없을까?

물질 원료로 재활용할 수 있는 플라스틱 쓰레기는 재활용업체로 가게 됩니다. 태워서 열을 생산하는 것보다 물질로 재활용하는 편이 더 효율적이므로, 그처럼 재활용업체로 가는 것이 우선이지요. 하지만 재활용업체가 아닌, 열에너지를 전문적으로 활용하는 시설로 가는 경우도 있어요. 플라스틱을 태워서 전기를 만들어 내는 발전소가 있거든요. 플라스틱은 석유에서 왔으니, 발열량이 높은 가연성 물질로 선별해 고형폐기물 연료(SRF: Solid Refuse Fuel)로 만들면 고체 석유가 되어서 연료가 될 수 있다는 이론에 근거한답니다.

당장 썩지 않고 쌓여만 가는 플라스틱 폐기물을 손쉽게 재활용하는 방법은 무엇일까요? 쓰레기를 처리해야 하는 입장에서는, 석유처럼 연소시켜 전기를 생산하는 것이 가장 손쉬운 방법이라고 생각하게 된 거예요. 그처럼 폐기해야 할 물질을 연료로 사용해 전력을 생산할 수 있기 때문에, SRF 발전은 재활용 방법으로 인정받게 되었어요. 그에 따라 SRF 발전소가 생겨나기 시작했지요.

2020년 말 환경부의 폐기물 통계에 따르면 플라스틱 연료를 제조하는 시설, 즉 플라스틱 재활용업체가 269개, 플라스틱이나 바이오 플라스틱을 연료로 에너지를 생산하는 시설이 158개 있다고 해요. 그러나 플라스틱 고형물을 연료로 사용하는 SRF 발전소에 대해서 환경단체나 발전소 주변의 주민들은 여전히 반대하는 경우가 많아요. 왜 그럴까요?

플라스틱은 천연고분자인 나무와 달리 분자의 사슬이 매우 길게 이어져 있어요. 사슬로 이어진 고리가 끊어져야 분해가 일어나는데, 사슬이 워낙 길고 촘촘하기 때문에 분해되는 속도가 느리답니다. 그래서 빠르게 연소할 수 없다는 단점이 있어요. 이것을 '불완전연소'라고 하는데, 고온이 아닌 상태로 플라스틱이 타게 되면 불완전연소 현상이 일어나요.

가끔 시골길을 지나다 보면 역한 탄내를 맡기도 하는데요. 비닐이나 스티로폼 같은 플라스틱을 태우면 불완전연소가 되면서, 독성의 염소 성분이나 다이옥신, 퓨란과 같은 발암물질이 나오며 나쁜 냄새가 난답니다. 그래서 절대로(!) 플라스틱을 마당이나 논, 밭에서 태워서는 안 돼요.

사람들이 SRF 발전소를 반대하는 이유도 그와 마찬가지예요. 플라스틱을 만들 때 첨가하는 물질들, 특히 염소와 같은 성분들이 불완전연소 과정에서 대기 중으로 빠져나와 공기를 오염시키기 때문이에요. 발암 성분으로 알려진 물질들이 연소 과정에서 나올 수 있어서 많은 사람들이 우려하는 것이지요.

물론 플라스틱을 태운 연기가 곧바로 굴뚝을 빠져나오진 않아요. 필터와 화학약품으로 중화하는 등 처리 과정을 거친 후 배출하기 때문에, 그 양은 미미한 수준이라고 말하기는 해요. 하지만 누구나 건강에 해로운 물질이 발생할 수도 있다는 사실을 아는 순간 마음이 불편해지지 않겠어요? 이제 석유에서 탄생한 플라스틱일지라도, 사람들이 발전소 연료로 사용하는 것에 반대하는 이유를 알겠지요?

3. 플라스틱 재활용의 방해꾼, 첨가제

그렇게 나쁘다면서 첨가제는 왜 넣는데?

첨가제를 넣지 않는다면 플라스틱을 태울 때 발생하는 문제도 많이 줄어들 거예요. 그렇다면 첨가제를 안 넣으면 되지 않을까요? 플라스틱을 만들 때 첨가제를 넣는 이유는 다양해요. 플라스틱을 부드럽고 유연하게 만들어서 모양을 쉽게 만들기 위해 '가소제'를 넣기도 하고요, 때로는 질기고 튼튼하면서도 얇게 만들려고 첨가제를 넣기도 해요. 부피를 늘리면서도 단단하게 유지해 주는 '증진제'를 첨가하면 원료를 더 채우지 않아도 되니까 비용도 줄일 수 있답니다.

햇볕에 많이 노출되는 플라스틱은 자외선으로 인한 화학적 분해가 일어나지 않도록 첨가제를 넣기도 하지요. 또 우리가 아는 스티로폼처럼 발포 구조를 만들기 위해 '발포제'를 넣는 경우도 있어요. 플라스틱 병의 색을 내기 위해 염료를 넣기도 하고, 정전기를 방지하기 위해서 정전기 방지제를 첨가하기도 해요.

플라스틱 제품이 다양한 만큼 첨가제의 종류도 무척이나 다양하답니다. 다르게 말하자면, 이렇게 다양한 플라스틱이 세상에 나와 있기 때문에 우리가 아무리 분리배출을 잘한다고 해도 무조건 재활용이 되기는 어렵다는 말이에요. 각기 다른 종류의 플라스틱이 섞이게 되면, 분해를 한다고 해도 재활용이 쉽지 않기 때문이지요.

재활용 선별장에서 플라스틱을 종류별로 구분하여, 재활용이 가능한 플라스틱만 골라내고는 있어요. 하지만 그렇게 해도 이물질이 섞이게 되면, 물질을 재활용하기란 어렵게 된답니다. 그래서 요즘은 투명 페트병을 분리배출할 때 세척과 라벨 제거, 압축 후 뚜껑을 꼭 닫아서 배출하라고 하잖아요. 분해 과정에서 이물질이 섞이면, 재활용 원료로 만들 때 품질이 저하되는 문제가 생기기 때문이랍니다.

플라스틱을 잘 사용하기 위해 첨가제를 넣는다는 것은 알겠어요. 하지만 재활용을 잘하기 위해서는 첨가제를 줄이고, 첨가제의 특성을 잘 알아두는 것도 필요해 보이네요.

플라스틱계의 최고 '빌런', PVC

PVC는 하수관 등 파이프를 만들거나, 반들반들한 랩 비닐을 만들 때 사용하는데요. '폴리염화비닐'이라는 긴 이름을 가지고 있어요. 이름에 '염화'라는 글자가 들어 있다는 것만으로도, 염소(Cl)를 포함하는 플라스틱이라는 사실을 알 수 있겠지요? 염소는 정수장이나 수영장 등에서 소독을 하기 위해 사용하는 약품이기도 한데요. 강력한 표백 성분을 포함하기 때문에 염소계 표백제로도 사용하고 있어요. 염소는 독성에도 불구하고 워낙 활용도가 높아 종이, 플라스틱, 염료, 섬유, 의약품, 방부제, 살충제 등 여러 방면에서 광범위하게 사용하는 물질이에요.

염소는 상온에서 존재할 때는 기체 상태지만, 공기보다 무거워서 아래로 가라앉는 특성이 있어요. 그렇기 때문에 기체일 때 염소에서 발생하는 불쾌한 냄새를 우리가 맡기 쉽답니다. 우리 몸에 쌓이지는 않지만, 고농도의 염소는 몇 번의 심호흡만으로 치명적인 영향을 주기도 해요.

염소가 포함된 PVC는 고온의 열회수 과정에서 염화수소 가스를 발생시켜요. 그래서 플라스틱으로 성형하는 제품에 기포를 발생시켜, 물질의 재활용을 어렵게 한답니다. 게다가 염화수소 가스는 부식성(다른 물질과 접촉했을 때 화학반응을 일으켜서 물질을 손상하는 성질)이 강해서, 재활용 시설의 기계를 망가뜨리는 등 재활용 자체를 어렵게 해요. 그리고 열에 약하기 때문에 현재 PVC 필름은 음식물 포장에 사용하지 못하도록 법적으로 금지하고 있어요.

다만 해산물처럼 물기가 있는 제품을 포장해야 할 때는 폴리에틸렌 랩으로 대체하기가 어렵다는 불편함이 있어요. 그래서 아직 PVC

를 사용하는 업소가 있긴 하답니다. 특히 법적 규제에서 제외된 작은 업소들은 여전히 사용하는 경우가 적지 않아요. 그러나 소비자 스스로 몸에도 해롭고 재활용도 어렵게 만드는 천덕꾸러기 PVC를 알게 된 만큼 사용하지 않는 것이 바람직하겠죠. 포장을 해야 할 때는 "랩 포장은 필요 없어요"라는 한마디도 꼭 붙이시고요.

PVC는 포장재 말고도, 층간소음을 흡수한다는 이유로 바닥재로 쓰거나, 습기에 강하다고 해서 실크 벽지에도 널리 사용해 왔어요. PVC를 부드럽게 하려고 넣는 첨가제인 프탈레이트는 어린이용품에는 금지할 정도로 유해성이 판명된 가소제(딱딱한 고분자물질을 부드럽게 해주는 물질)예요. 그럼에도 생활 곳곳에 사용되어 왔지요.

그러다 최근에는 사람들이 이 물질 때문에 새집증후군이 발생한다는 사실을 알게 되었어요. 또 피부로 접촉하거나 호흡기를 통해 흡입할 경우, 프탈레이트가 신경계에 장애를 일으키는 환경호르몬이라는 사실이 알려졌고요. 그러면서 프탈레이트를 넣지 않는 제품들로 대체되고 있답니다.

프탈레이트뿐이 아니에요. PVC를 생산하는 과정에 납과 카드뮴 등 중금속을 첨가하는 점도 우려되는 부분이에요. 또 염소가 있는 만큼 폐기 과정에서 발암물질인 다이옥신도 발생할 수 있답니다. 그렇다 보니 세상에 유통되고 있는 플라스틱 가운데 가장 해로운 플라스틱이 PVC라고 할 정도예요.

《너무 늦기 전에 알아야 할 물건 이야기》의 지은이인 애니 레너드는 "생산부터 이용, 폐기까지 독성물질을 내뿜는 PVC는 플라스틱 중에서도 최악"이라며 비판하기도 했답니다. 분명 편리하긴 하지만 그만큼 문제가 많은 PVC 물질은 빠르게 대체하고 사용하지 않는 것이 가장 좋은 해결책이겠죠.

'스티로폼'에 담은 뜨거운 커피 한 잔, Ok?

온라인 구매가 활발해지면서, 냉동식품을 온라인으로 구입할 때면 포장재 때문에 고민을 하게 된답니다. 스티로폼 상자에 아이스팩을 넣어서 포장된 채로 나에게 배달될 확률이 거의 99%이기 때문이죠.

우리가 일상적으로 접하는 하얀색의 스티로폼은 정확히 표현하자면 '발포 폴리스타이렌(EPS)'이라는 플라스틱입니다. 스티로폼은 미국의 '다우 케미컬'이라는 화학 회사에서 등록한 상표 이름이었어요. 하지만 일반 사람들은 그렇게 생긴 발포 폴리스타이렌을 흔히 스티로폼이라고 부르게 되었죠. 우리가 끈적이는 셀로판테이프를 '스카치테이프'라고 부르듯이 말이에요.

발포 폴리스타이렌은 '부풀린 폴리스타이렌'이라는 뜻인데요. 지름 약 1mm로 작은 구슬 모양의 폴리스타이렌 알갱이(nurdle)에 펜탄이라는 가스로 열을 가한 후 약 40배 정도로 팽창시켜서 제조하게 됩니다. 이런 스티로폼은 발포 폴리스타이렌의 한 종류로서 아주 가볍고 성형이 쉬워요. 그래서 주로 주택의 단열재나 선박용 부양 장치, 충격흡수기 용도로 사용하고 있지요. 발포 폴리스타이렌은 열에 약하지만 컵이나 접시, 포장 용기로도 많이들 사용해 왔답니다.

폴리스타이렌의 스타이렌은 에틸벤젠의 다른 이름이기도 해요. 앞에서 설명했던 에틸렌에 촉매를 반응시키면 탄소끼리 맞잡고 있던 팔 하나가 비게 되는데, 그곳에 벤젠을 붙여서 만들어요. 그래서 이름이 에틸벤젠이 되었지요. 폴리스타이렌은 그런 에틸벤젠을 아주 여러 개 붙여서 만든 중합체를 말하고요. 단단하게 고정된 물질이긴 하지만, 언제든 일부가 분해되면 벤젠이 빠져나올 수 있답니다. 그래서 위험한 물질이라고 보는 거예요.

이미 벤젠은 백혈병의 원인이며 휘발성의 발암물질이라는 사실이 널리 알려지면서 사용하는 곳이 줄어들고는 있어요. 하지만 여전히 농약이나 살충제, 방부제 등 광범위하게 사용되는 물질이랍니다.

스타이렌은 인간 신체에 있는 호르몬을 닮아서, 우리 몸속으로 들어오면 호르몬 흉내를 내며 내분비계를 교란합니다. 그래서 폴리스타이렌에 환경호르몬이라는 이름까지 붙었어요. 특히 고온에 노출하면 내분비계 교란물질인 비스페놀A와 스타이렌을 함께 배출할 수 있어요. 이 물질들은 중추신경계 손상 및 말초신경 독성을 유발하며, 여성 호르몬을 증가시켜 자궁암을 일으키기도 합니다. 또한 백혈병, 췌장암, 생식능력 저하, 지적장애아 출산 등 많은 문제의 원인으로 지적되기도 해요.

스타이렌을 제조하는 공장의 노동자에게 생식기 이상이 보고될 정도로 위험성이 알려져 있고요. 알레르기성 피부질환이나, 천식을 유발할 수 있는 물질로도 악명이 높답니다. 우리나라 업체가 운영하는 인도의 한 공장에서 스타이렌 가스가 누출되어 노동자 13명이 사망하고, 약 1,000명의 노동자들이 병원 치료를 받았다는 뉴스를 본 적이 있어요. 그만큼 유해한 물질이지요.

그런데 여전히 스타이렌 성분의 포장 용기를 전자레인지에 돌리거나, 열에 노출하는 경우가 있어요. 화학자들 사이에서도 플라스틱의 위험성을 강조하는 사람이 있는가 하면, 그렇게 위험하진 않다고 보는 사람들도 있긴 해요. 하지만 안전성이 판명되기 전까진 위험에 대비해 조심할 필요는 있겠지요.

뜨거운 커피를 종이컵에 담고 이동할 때 뚜껑으로 입구를 덮는데요, 그 뚜껑이 대부분 PS, 즉 폴리스타이렌으로 만들어져 있어요. 우리 입에 닿는 뚜껑 부분이 바로 폴리스타이렌이라는 점 때문에 유해성 논란이 일기도 했지요. 되도록 폴리스타이렌 뚜껑이 덮인 컵으로 뜨거운 음료를 마시는 일은 피하면 좋겠어요.

2010년 서울 보건환경연구원에서 폴리스타이렌 용기에 60℃ 물과 95℃의 물을 담아 휘발성 유기화합물(VOCs: Volatile Organic Compounds) 검출 실험을 했어요. 그 결과 95℃ 물을 담은 용기에서 유해물질이 상대적으로 다량 검출되었음을 밝혀냈지요. 대표적인 휘발성 유기화합물인 스타이렌이, 낮은 온도보다 높은 온도의 물에서 10배 이상 발생하였다는 결과였어요. 특정 상품의 폴리스타이렌 용기에서는 33배까지 스타이렌이 많이 용출된 사례도 있었답니다.

그러나 식약처는 뜨거운 라면 정도의 것을 담는 경우, 폴리스타이렌 컵에서 소량의 발암물질이 나오긴 하지만 몸에 유해한 수준까지는 아니라고 발표하기도 했어요. 어느 쪽 의견이 옳은지를 따지기 전에, 조금이라도 유해할 수 있다면 되도록 피하는 것이 더 현명한 방법이 아닐까요?

제 경험담도 들려주고 싶네요. 오래전 한 패스트푸드점에서 칠리(간 쇠고기에 강낭콩, 칠리 파우더를 넣고 끓인 매운 요리)를 샀던 적이 있어요. 종업원이 뜨거운 칠리를 일회용 발포 폴리스타이렌 컵에 담아 주었죠. 그런데 집에 가져와서 보니 뜨거운 음식에 닿은 용기 윗부분의 가장자리가 모두 녹아 있는 게 아니겠어요? 결국 그 음식을 몽땅 버릴 수밖에 없었답니다. 그 가게 종업원은 아마도 발포 폴리스타이렌이 열을 어느만큼 견딜 수 있는지 잘 알지 못했던 것 같아요.

요즘도 뜨거운 커피를 담을 때 발포 폴리스타이렌 컵을 사용하는 사람들을 보면 걱정스러울 때가 있어요. 커피 컵을 잡은 내 손은 덜 뜨겁지만, 그 안에 담긴 뜨거운 커피에 스타이렌 성분이 녹아 나올 수 있으니 말이죠. 날이 갈수록 그런 걱정을 하는 소비자가 많아지면서, 라면 제조 업체들도 용기를 종이로 바꾸고 있지요. 우리 소비자들의 인식 변화가 기업을 변화시키는 중요한 계기가 된다는 점도 알아두면 좋겠지요?

로션 바른 손으로 영수증 만져도 돼, 안 돼?

라면 봉지나 과자 봉지를 막상 분리배출하려고 하면 고민이 될 때가 있지요? 분명히 재활용 표시가 붙어 있긴 하지만 PE도 아니고, PP나 PS, PET도 아닌 'Others(기타)'라는 말 때문인데요. 대개 '기타'로 분류되는 비닐이나 플라스틱은 여러 개의 플라스틱 성분이 섞여 있는 복합 플라스틱이어서 1가지로 분리하기가 어렵다는 의미예요.

그런데 이 플라스틱 중에는 페놀 분자와 아세톤을 합성하여 만든 비스페놀A라는 물질이 섞여 있는 경우가 있어요. 비스페놀A는 널리 알려진 환경호르몬이에요. 여성 호르몬인 에스트로겐과 유사한 작용을 하는 환경호르몬이라서 정자 수를 감소시키거나 어린 여학생들의 사춘기를 앞당기고, 어린이의 행동장애에도 영향을 미칠 수 있다는 연구 결과가 나온 바 있죠.

물론 논쟁의 여지는 있어요. 치명적인 섭취량이 사람마다 조금씩 다를 수 있기 때문에, 판단 기준을 정하기 어렵거든요. 하지만 비스페놀A가 환경호르몬이 아니라고 말하는 전문가는 없어요. 전문가라면 누구나 비스페놀A가 환경호르몬이라는 데 입을 모은답니다.

비스페놀A를 여러 개 붙여서 만든 중합체가 폴리카보네이트예요. 폴리카보네이트는 투명하고 내구성이 좋아서, 아기들 젖병이나 반찬통, 통조림 캔 내부의 필름 코팅에 두루두루 쓰였지요. 최근에는 비스페놀A에 대한 부정적 인식이 높아져서 'BPA Free(비스페놀A를 사용하지 않음)' 제품이 많이 나오고 있어요.

또 비스페놀A는 영수증이나 순번 대기표, 티켓 등에서 감열지 코팅 용도로 많이 사용해요. 영수증 등은 마트나 식당, 은행 등에서 우리가 흔히 사용하는 것들이지요. 감열은 열로 문자가 인쇄되는 방식인데요, 인쇄된 면이 매끈해서 손톱으로 긁으면 검은색이 묻어나기도 해요. 바로 그 부분이 비스페놀A 코팅이 되어 있는 쪽이랍니다.

비스페놀A는 물에는 녹지 않지만 기름에는 잘 녹는 성질이 있어요. 그러니 로션이나 핸드크림을 바른 손으로 종이를 만지면 비스페놀A가 더 잘 녹아 나올 수 있다는 점을 알아두면 좋겠어요. 최근에는 전자영수증으로 대체하는 경우도 많으니, 종이 영수증을 받지 않는 것도 몸에 안 좋은 성분을 피할 수 있는 방법이겠네요.

진짜 호르몬인 척하는 환경호르몬

환경호르몬이 우리 몸에 들어오면 생체 호르몬과 유사한 작용을 하게 되는데요. 그래서 내분비계 교란물질(EDCs: Endocrine Disrupting Chemicals)이라고 불러요. 여기서 내분비계란 우리 몸의 각종 호르몬을 만들어서 여러 대사를 돕는 기관으로, 대뇌의 뇌하수체 같은 곳이에요. 이곳에서 성장호르몬이나 유선자극호르몬, 갑상샘자극호르몬 등이 나오는데, 이런 호르몬은 혈액을 통해 흐르다가 필요한 부분에서 특정 수용체와 결합해 새로운 단백질을 만들어요.

그렇다면 환경호르몬이 우리 몸에 들어오면 어떻게 될까요? 외부에서 들어온 환경호르몬이 신체에서 만들어 낸 호르몬처럼 특정 수용체에 결합해서 가짜 호르몬 복합체를 만들게 돼요. 그러면 우리 내분비계는 이미 호르몬이 있는 것으로 착각해서, 제대로 된 새로운 호르몬으로 단백질을 만들지 못해요. 그래서 신체에 필요한 반응을 할 수 없게 되지요. 즉 갑상샘호르몬 결핍이라든가 에스트로겐 결핍 등 대사에 필요한 호르몬이 결핍된 상태가 된답니다.

잔류성 유기 오염물질(POPs: Persistent Organic Pollutants)도 그런 위험성이 있어요. 잔류, 즉 신체에 남아 있는 유기물질이기 때문에, 우리 몸에 축적되어서 다음 세대로 이어질 수 있지요. 그래서 국제 협약을 통해 생산 및 사용을 금지하거나 제한적인 용도로만 사용하도록 규제하고 있답니다.

우리가 한 번쯤 들어본 폴리염화비페닐(PCBs)도 잔류성 유기물질로, 내분비계 교란물질에 해당합니다. 전기 절연체 생산 공장에서 많이 사용하는데, 이 물질이 바다로 흘러 들어가서 북극곰과 고래에게 피해를 주기도 해요. 양성을 다 가진 고래가 나오거나 생식능력이 없는 수컷이 증가하는 것도, PCBs가 플랑크톤에서 작은 물고기를 거쳐 대형 물고기로 축적된 것이 주요 이유라고 알려져 있답니다.

4. 오늘 바다는 '미세 플라스틱 주의보'

작다고 무시하면 안 돼요, 미세 플라스틱

미세하다는 말은 아주 작다는 뜻이죠? 미세 플라스틱은 마이크로 플라스틱을 의미하는데, 주로 지름 5mm 이하의 고형 플라스틱을 말해요. 하지만 때로는 25mm 정도의 매크로 플라스틱부터 5mm쯤 되는 중간 크기의 메조 플라스틱까지 미세 플라스틱으로 구분하기도 하지요.

미세 플라스틱은 어떻게 탄생하게 되었을까요? 처음부터 미세하게 태어나는 플라스틱도 있어요. 치약이나 화장품, 각질 제거제, 세탁 세제, 벌레 퇴치제 등 가정용 제품에 들어 있어서 한동안 많이 사용되었지요. 하지만 미세 플라스틱으로 인한 해양오염 문제가 국제적으로 떠오르면서, 2017년부터 화장품의 세정용 및 각질 제거용 미세 플라스틱 사용이 전면 금지되었어요.

그렇다면 이제 더 이상 미세 플라스틱이 발생하지 않겠군요? 아니에요, 아직 미세 플라스틱 문제는 제대로 다루지도 못하고 있답니다. 화장품 등에 사용하는 미세한 플라스틱은 생산되지 않을지라도, 앞으로도 한동안 미세 플라스틱은 더 큰 문제가 될 거예요. 우리가 일상생활에서 플라스틱을 계속해서 사용하는 한 전 세계 어디에서나 미세 플라스틱이 발생할 수밖에 없기 때문이죠. 커다란 플라스틱 제품들이 물리적, 화학적, 생물적 과정을 통해서 쪼개지고 분해되어 미세 플라스틱이 되거든요. 아무도 플라스틱이 이렇게 커다란 문제를 일으킬 것이라고 처음부터 생각하진 못했겠죠?

플라스틱이 자외선을 받다 보면 고분자화합물에 산화반응이 일어나고 화학 결합이 약해진답니다. 여기서 광분해반응이 발생해요. 빛 때문에 쪼개진다는 의미예요. 특히 이런 반응은 바다에서 많이 일어나지요. 자외선이 아니어도, 파도에 의한 물리적인 마찰과 난류 등으로 인해 플라스틱이 쪼개져서 미세 플라스틱이 된답니다. 특히 선박의 페인트나 어구는 오랫동안 자외선에 노출되기 때문에, 해양에서 미세 플라스틱으로 떠다니다가 바닥으로 가라앉기도 해서 해양 어류에 크나큰 피해를 입히고 있어요.

세계자연보전연맹(IUCN)의 발표에 따르면, 세탁 과정에서 발생하는 화학 섬유의 미세 플라스틱이나 해안가에 버려지는 담배꽁초로 인한 미세 플라스틱이 다량 발생하고 있다고 해요. 또 마모된 타이어나 도시 먼지, 도로의 페인트, 세정 용품 등에서 발생하는 미세 플라스틱도 있다고 하고요.

폴리에스터, 아크릴, 나일론을 포함한 합성섬유는 모든 의류 소재의 약 60%에 달할 정도로 많은 양을 차지합니다. 그런 의류나 직물이 마모되면서 착용이나 세탁 중에 미세섬유를 흘려보내게 되어, 해양의 미세 플라스틱 문제를 일으키게 되는 것이죠. 담배꽁초는 빗물받이 같은 틈으로 버려지는 경우가 많았다고 하는데요. 해안가에서 가장 흔하게 발견되는 플라스틱 쓰레기인 만큼, 담배가 분해되면서 미세 플라스틱과 중금속 등 건강에 유해한 여러 화학 물질을 방출하게 된답니다.

세계자연기금(WWF)은 2022년 '미세 플라스틱으로 인한 오염이 해양 생물 및 생태계에 미치는 영향과 규모에 대한 전망'이라는 보고서를 통해, 2040년까지 플라스틱 생산량이 2배 이상 증가할 것이라고 예상했어요. 그러면서 2050년에는 바닷속 플라스틱 쓰레기가 4배 이상 늘어나리라 전망했는데요.

이 단체는 지금 당장 플라스틱 생산과 소비를 줄이지 않는다면 생물 다양성을 지키기 위한 노력이 허사가 될 것이며, 생태적 위기를 겪을 수 있다고 경고하였지요. 특히 바다로 흘러 들어간 플라스틱 쓰레기는 회수하기 어렵기 때문에, 이미 발생한 플라스틱 쓰레기를 제거하는 일보다 오염의 원인이 되는 플라스틱을 줄이는 것이 최고의 해결책임을 강조하였어요.

나는 지난해 플라스틱 54조 개를 먹었다

우리가 얼마나 많은 미세 플라스틱에 노출되고 있는지 조사한 논문(2019)[2]이 있어요. 그 논문은 어른 1명이 매년 3만 9,000~5만 2,000개의 미세 플라스틱을 섭취하는 것으로 추정된다고 발표했는데요. 특히 수돗물을 마시는 사람들은 연간 4,000개 정도의 미세 플라스틱을 섭취하지만, 생수병으로만 물을 마시는 사람은 9만 개의 미세 플라스틱을 추가로 섭취하는 결과가 나타날 수 있다고 밝혔답니다. 그 논문을 접한 많은 사람들이 깜짝 놀랄 수밖에 없었어요. 갈수록 플라스틱 생수병으로 식수를 섭취하는 가정이 늘고 있으니까요.

또한 캐나다 맥길대학교의 연구진은 실크 티백(피라미드 모양의 플라스틱 섬유로 만든 티백)을 넣고 95℃의 뜨거운 물로 차를 우려내면 미세 플라스틱이 약 116억 개, 나노 플라스틱은 31억 개가 나온다고 발표하기도 했어요. 유엔 보고서는 대략 51조 개의 미세 플라스틱이 바다에 있을 것이라고 강조하면서, 결국엔 미세 플라스틱이 해양 생물을 통해 우리에게 다시 돌아올 것이라고 경고했죠.

---

2 'Human Consumption of Microplastics.' 〈Environmental Science and Technology〉, 2019. 6. 5. Kieran D. Cox et al.

생수병에서 어떻게 그처럼 많은 미세 플라스틱이 발견되는 것일 까요? 화학 물질 전문가[3]에 따르면 다음과 같아요. 페트병을 가공할 때 열을 가해 플라스틱을 유연하게 만든 뒤 고압의 기체로 모양을 잡게 돼요. 그런데 이 과정에서 플라스틱의 분자 구조가 일부 손상 될 수 있어요. 또 제조 과정에서 수분이 조금이라도 남아 있으면, 페 트병 구조가 손상될 수 있다는 거예요. 그처럼 끊어진 분자들로 구 성된 페트병에 물을 담게 되면, 미세 플라스틱이 빠져나와 물에 섞일 수 있겠지요.

노르웨이과학기술대학교와 중국 및 벨기에의 연구진으로 구성된 국제 연구팀은 페트병 생수 제품을 구매한 후 나노 플라스틱을 조사 해 보았어요. 그 결과 0.1μm(마이크로미터: 0.001mm)의 필터 여과막 을 통과한 물에서 1mL당 대략 1억 6,600만 개 정도의 나노 플라스 틱이 검출되었다고 발표했어요.

만약 우리가 매일 1L의 물을 플라스틱 생수병으로 마신다면, 연 간 54조 개의 나노 플라스틱을 먹는 것과 같다는 의미예요. 그렇게 작은 나노 플라스틱을 조사했던 이유는 10μm 이하의 작은 플라스

---

3 '페트병 속 미세 플라스틱 우리 몸은 안전할까.' 〈헬스인뉴스〉, 2023. 6. 26.(상명대학 교 화학에너지공학과 강상욱 교수 인터뷰, https://www.healthinnews.co.kr/news/ articleView.html?idxno=38577)

틱이 소화관이나 혈관 벽을 통과할 수 있기 때문이랍니다. 150μm 이상의 미세 플라스틱은 우리 몸에 흡수되기 어렵고요.

쥐를 이용한 실험에서는 미세 플라스틱을 다량 섭취한 쥐에게 태어난 새끼에서 뇌 신경세포 형성을 담당하는 줄기세포 수가 감소했다는 연구 결과가 발표되기도 했어요. 아직 미세 플라스틱의 유해성에 관해서는 결론이 나지 않았지만, 사전예방원칙에 따라 안전이 확인될 때까지 되도록 피하는 것이 좋겠지요.

바다를 떠도는 섬, '플라스틱 아일랜드'

바다에는 수많은 미세 플라스틱이 집중적으로 모인 곳이 있는데, 특정 '핫 스폿'은 생태적으로 회복 불가능한 수준에 달한 것으로 알려져 있어요. 1997년 찰스 무어가 발견하고 연구하면서 명명한 '플라스틱 섬'은 해양의 플라스틱 쓰레기 문제를 세상에 널리 알리는 계기가 되기도 했답니다.

비영리 연구 기관인 '오션클린업파운데이션'의 2018년 발표 자료에 따르면, 태평양의 '쓰레기 섬'을 이루는 플라스틱은 약 1조 8,000억 개로, 무게만도 8만 톤에 이른다고 해요. 이 무게는 초대형 여객기 500대와 맞먹는 수준이지요. 이 플라스틱 섬에서 건져 올린 플라스틱 쓰레기에는 어선에서 버린 각종 플라스틱 어구가 반 정도를 차지했다고 하네요.

기타 해양 쓰레기로는 2011년 동일본 대지진 등을 통해 해양으로 유입된 쓰레기와 각종 홍수 등에 떠밀려 온 육지의 쓰레기들이 나머지 반을 차지했다고 하고요. 각종 쓰레기가 태평양을 떠돌다가 해류를 통해 모이게 된 것인데요. 실제로 플라스틱 쓰레기에 부착된 라벨을 보면 약 30%가 일본어이고, 중국어로 쓰인 것인 29.8%쯤 된다고 해요. 그러고 보면 우리나라의 쓰레기가 해양 문제를 일으키지 않도록 잘 관리하는 일이 해양 쓰레기 문제를 해결하는 첫 단추가 아닐까요.

해양 동물들의 고통스러운 영상이 화제가 되기도 하였지요. 플라스틱 빨대가 꽂혀 있거나 비닐봉지를 가득 물고 있는 거북이라든가, 어망에 걸려서 기형적으로 자란 고래, 어망에 갇혀서 죽은 물개 등 수많은 해양 생물의 피해가 보고되고 있어요. 그러한 영상이 공개되면서 플라스틱 빨대와 일회용 비닐봉지 사용을 금지하자는 캠페인이 벌어지기도 했는데요. 실제로 유럽 국가들은 일회용 플라스틱 사용 지침을 통해 플라스틱 식기류와 쟁반, 컵과 함께 플라스틱 빨대와 비닐봉지를 금지하기로 결정하기도 했답니다.

다큐멘터리 〈씨스피라시〉는 생태 파괴적 어업에 대한 문제를 다루었는데요. 그와 더불어 버려진 어업 폐기물로 인한 해양 플라스틱 문제와 해양 생물의 피해를 지적하기도 했어요. 유령 어업의 원인이 되는 '유령 어구'의 문제는 해양 플라스틱 문제와도 매우 관련이 깊답니다.

'유령 어업'은 폐어구에 해양 생물이 잡혀 크게 다치거나 죽는 현상을 말해요. 유실되거나 버려진 폐어구가 바다에 방치되면, 그 속에 갇힌 생물이 미끼로 작용하여 다른 생물이 걸려들게 돼요. 어망에 걸린 큰 물고기 때문에 폐어구가 해저로 가라앉으면 청소 생물이 사체를 분해하는데요. 그렇게 가벼워진 폐어구가 다시 해수면으로 떠오르면서 또 다른 생물이 걸려들어요. 그런 식으로 계속해서 해양 생물을 포획하는 유령 어업이 큰 문제가 되고 있지요.

1950년대까지 어구는 대개 천연 섬유를 사용해 만들었기 때문에, 시간이 지나면 저절로 분해되었답니다. 그러나 플라스틱의 등장으로 자연 분해가 잘되지 않는 나일론 같은 화학 섬유와 스티로폼 등 플라스틱 어구를 사용하게 되었지요. 그렇다 보니 이제는 바다에서 버려진 어망이 분해되기까지 600년 이상 걸릴 것이라는 전문가들의 경고가 나오고 있는 지경이에요.

유엔환경계획(UNEP)은 2016년 발표에서, 폐어구가 전체 해양 플라스틱 쓰레기의 70%쯤 될 것으로 추정하기도 했어요. 해마다 해양 포유류가 10만 마리 이상 해양 폐기물 때문에 죽고 있다고도 밝혔지요.

　우리나라 상황도 크게 다르지 않아요. 2018년 해양수산부에 따르면, 연간 해양 쓰레기 발생량이 8만 4,106톤으로, 해상에서 유입되는 쓰레기가 60%이고 육상에서 유입되는 쓰레기가 40%를 차지한다고 해요. 특히 해양에서 유실되는 어구의 55~70%가 연안 자망어업(그물을 이용해 해양 동물을 포획하는 어업)에서 발생한다고 하네요. 그러니 자망어업이나 통발어업(해양 동물이 들어올 수 있도록 설치된 통을 사용하는 방식의 어업)으로 생긴 폐어구가 해양 쓰레기를 줄이는 데 중요한 관리 대상임을 알 수 있지요.

5. 플라스틱, 쓰레기에도 '급'이 있다

왜 '페트'만 특별대우를 받는 거야?

여러분도 학교나 가정에서 분리배출을 경험해 본 적이 있을 거예요. 우리나라에 사는 시민이라면 누구도 폐기물을 제대로 분리배출해야 하는 책임에서 자유로울 수 없습니다. 가끔 텔레비전을 통해, 유명 연예인도 쓰레기 분리수거를 열심히 하는 모습을 보게 되곤 하지요. 플라스틱 제품을 사용하지 않는 사람이라도, 종이와 유리, 철, 건전지 등을 피해 갈 수는 없을 거예요.

다양한 플라스틱 종류의 제품을 사용하다 보니 재활용이 쉽지 않은 것이 사실이에요. 그래도 투명 페트병, 즉 페트(PET)는 별도로 배출해야 한다는 사실을 아는 사람들이 제법 있을 거예요. 평소 관찰력이 있는 학생이라면 각 아파트 단지에 비치된 투명 페트병 전용 수거함을 본 적이 있을 테니까요.

왜 투명 페트병만 별도로 배출하도록 정해 놓았을까요? 앞에서 플라스틱의 특성을 배우며 알게 된 것처럼, 페트는 비교적 합성섬유로 재활용이 가능한 소재랍니다. 또 생수병이나 음료수병으로 가장 많이 사용하는 재질이기도 하고요. 그렇다 보니 깨끗하게 분리배출하기 쉬운 투명 페트병을 재활용할 수 있는 상태로 잘 모아보자는 취지로, 투명 페트병만 별도로 배출하게끔 정해 놓은 것이지요.

국내 한 음료 회사에서는 자신의 브랜드처럼 여겨졌던 초록 염료를 플라스틱 병에 넣지 않기로 하면서, 투명 페트병의 재활용 운동에 동참하고 있어요. 그렇다면 정부는 어떤 방법으로 우리가 쉽게 재활용을 실천할 수 있도록 도와주고 있을까요?

라벨에 담긴 비밀

우리나라에서 생산되는 플라스틱에는 7종류의 재활용 마크가 붙어 있어요. 국제적으로 통용되는 플라스틱 재활용 마크는 숫자로 표시하지만, 우리나라는 숫자가 아닌 플라스틱 종류를 표기한답니다. 페트는 별도로 내부에도 '페트'라고 표기되어 있고요. 투명 페트병이 재활용을 가장 많이 할 수 있기 때문에, 쉽게 구분하기 위해서 페트를 별도로 표시하는 것이랍니다.

하지만 플라스틱의 종류가 워낙 다양하다 보니, 여전히 분리배출이 잘 이루어지지 않는 문제가 있어요. 이런 문제를 해결하고자 환경부는 2024년부터 플라스틱의 재질과 소재, 배출 방법을 마크에 함께 표기하기로 결정했답니다. 하지만 소형 제품은 분리배출과 관련해 표시해야 하는 내용이 너무 많다 보니, 모든 정보를 담지 못할 수 있다는 우려의 목소리도 있답니다.

환경부가 2024년 1월부터 제품 겉면에 표기하는 '분류 및 배출 표시 마크'의 예

플라스틱의 재활용 마크는 분리배출을 통해 재활용을 쉽게 할 수 있도록 만든 안내표시 같은 것이에요. 교통 표지판을 보고 바로 이해할 수 있어야 하듯이, 재활용 표시를 보고 그것이 의미하는 바를 잘 알아야겠죠?

때로 어떤 사람들은 우리가 아무리 재활용 쓰레기를 잘 분리하고 배출한다 해도 수거하는 업체가 한꺼번에 실어 간다면서, 분리배출을 잘하는 의미가 없다고 말하기도 해요. 물론 모든 업체가 완벽하게 재활용을 잘하고 있다고 말할 수는 없어요. 그렇다고 시민으로서 분리배출을 제대로 하지 않는다면 더 많은 문제를 만들 수밖에 없을 거예요.

국제 표준 마크	1 PETE	2 HDPE	3 PVC	4 LDPE	5 PP	6 PS	7 OTHER
국내 표기 마크	페트	플라스틱 HDPE	플라스틱 PVC	플라스틱 LDPE	플라스틱 PP	플라스틱 PS	플라스틱 OTHER
재활용 가능 여부	재활용 가능	재활용 가능	재활용 불가능	재활용 가능	재활용 가능	재활용 가능	변동

플라스틱 재활용 마크
(출처: 환경부)

그러니 재활용 마크가 있는 포장재는 반드시 분리배출을 해야 합니다. 이것은 정부와 산업계, 소비자가 분리배출을 통해서 재활용하겠다는 약속을 한 것이기 때문에, 정부와 산업계, 소비자 모두의 노력이 필요해요. 누군가가 교통법규를 지키지 않았다고 하더라도, 우리들은 여전히 교통법규를 지켜야 하는 것과 같은 이치예요. 소비자로서 역할을 다해야, 정부와 산업계에 약속을 잘 이행하라고 당당하게 요구할 수 있기도 하고요.

재활용 마크가 없는 제품은 아무리 재활용이 될 것 같은 플라스틱처럼 보이더라도, 종량제로 버리는 것이 원칙이에요. 포장재를 사용하거나 플라스틱 제품을 생산하는 업체는 재활용 물질에 마크를 표시해야 하는 규칙을 지켜야 해요. 그럼에도 규칙을 지키지 않았다는 것은 실제로 재활용이 어려운 물질일 수 있으며, 또 규칙을 어긴 업체의 문제로 봐야 하겠지요.

그런데 우리가 겪는 진짜 문제는 다른 데 있어요. 재활용 마크는 있지만 실제로는 재활용이 되지 않을 만큼 아주 작은 플라스틱 제품의 경우가 그래요. 그렇게 작은 재질의 물질은 수거 및 분류 과정에서 재활용 플라스틱을 선별해 내기가 어렵다는 문제가 있거든요.

페트로 만들어진 음료수병을 버릴 때를 떠올려 보세요. 이때 뚜껑은 어떻게 처리했었나요? 페트병 뚜껑은 페트가 아니라 폴리에틸렌이나 폴리프로필렌으로 되어 있어요. 따라서 몸체와 뚜껑은 분리해 버려야 하는데, 이때 고민이 생기지요. 물질의 재활용 측면에서는 페트와 페트 아닌 플라스틱으로 구분해서 분리배출해야 맞아요. 하지만 뚜껑처럼 작은 플라스틱은 선별장에서 골라내기 어렵기 때문에, 재활용이 안 되거든요.

그래서 환경부에서는 페트병을 헹구고 압착한 후에 이물질이 들어가지 않도록 뚜껑을 잘 닫아서 배출해도 된다고 안내하고 있어요. 페트병을 재활용하는 곳에서 파쇄하고 분리하는 과정을 통해 뚜껑과 고리 부분을 골라낼 수 있기 때문에, 조금 불편하긴 하지만 재활용에 문제는 없어요. 다만 동네에 뚜껑을 색깔별로 모으는 재활용센터가 있다면 투명 페트병과 뚜껑을 분리해서 버려도 된답니다. 분리배출의 초점은 재활용이 더 잘되도록 하는 데 있기 때문이에요.

재활용 마크가 없는 플라스틱은 종량제봉투에 담아서 버려야 해요. 볼펜을 버릴 때 스프링까지 빼서 열심히 분리배출하는 학생들도

원활한 재활용을 위한 페트병 분리배출

있더라고요. 하지만 볼펜은 다양한 재질로 만들어졌을 뿐만 아니라 크기가 작아서 재활용이 어렵다는 점을 기억해 두도록 해요.

재활용 마크가 있는 포장 용기라 해도 오염된 것이라면 종량제봉투에 담아서 버려야 해요. 선별장에서 골라내기 어려운 형태, 즉 작은 플라스틱 제품이나 조각난 플라스틱 포장재도 종량제봉투에 담아서 배출해야 한답니다.

가끔 플라스틱이 아닌데 플라스틱처럼 보이는 제품들이 있어요. 예를 들면 실리콘 제품이 그렇게 느껴질 때가 있는데요, 실리콘은 종량제봉투에 담아 버려야 해요. 고열을 견디는 성능이 뛰어나 조리 도구에 많이 사용하는데, 고무와도 다른 소재랍니다.

아이들 신발로 익숙한 말랑말랑한 고무 느낌의 신발은 실리콘도 아니고 고무도 아니에요. 폴리우레탄 계열의 플라스틱 소재랍니다. 이 또한 재활용이 어렵기 때문에 일반 쓰레기로 취급하여 종량제봉투에 넣어서 버려야 해요. 레고처럼 작은 조각의 플라스틱을 버릴 때도 종량제봉투에 담아 버려야 하고요. 최근 장난감 업계에서도 재활용 플라스틱으로 브릭 장난감을 만들거나, 사탕수수에서 생산되는 천연 플라스틱을 사용해 물건을 만들기도 하지요. 하지만 여전히 작은 장난감들은 재활용 플라스틱을 선별해 내는 데 어려움이 있답니다.

6. '나의 쓰레기 분리배출 사용 설명서'

종이

　종이는 목재로 만들기 때문에 천연소재라고 할 수 있습니다. 나무의 셀룰로스라는 섬유질 부분으로 만들어 내지요. 셀룰로스는 얇고 평평하게 얽힌 구조 덕분에 종이로 재탄생하게 된답니다. 한 번 인쇄한 종이를 다시 새로운 종이로 만들기 위해서는, 얽힌 구조를 풀고 재결합하는 방식을 사용해요. 기존의 종이를 녹여서 다시 섬유질 부분을 엮어야 하기 때문에, 종이를 녹이는 해리 과정을 거치게 되지요. 종이가 해리되기까지 시간이 걸리는데, 어떤 종이는 금방 풀어지기도 하고 어떤 종이는 오래 걸리기도 한답니다.

　화장실에서 화장지를 변기에 버리는 이유는 두루마리 화장지가 물에서 빠르게 해리되어 배수관이 막힐 일이 없기 때문이에요. 그런데 가끔 얼굴을 닦는 두툼한 화장지나 물휴지를 변기에 버리면, 배수관이 막혀서 난감한 상황이 생기기도 하지요. 그처럼 어떤 화장지의 구조는 빠르게 해리되지 않거나, 종이 말고도 물에 풀어지지 않는 다른 소재가 섞여 있을 수도 있기 때문에 변기에 버리지 말아야겠죠?

공공화장실에서 물휴지를 변기에 버리지 말라는 경고 문구를 종종 발견하게 되는데요. 그 이유가 바로 합성섬유와 부직포 등을 섞어서 물휴지를 만들기 때문이랍니다. 합성섬유는 플라스틱이지만 물휴지라는 이름 때문에 종이로 착각하는 사람들이 많아요. 하지만 우리는 합성섬유가 플라스틱임을 잊지 말도록 해요.

종이류에서 분리배출이 가능한 또 다른 종류는 종이 팩인데요. 주로 주스나 두유 같은 음료를 담는 멸균 팩과 우유 팩의 2가지가 있어요. 둘 다 음료를 담기 때문에 같은 재질인 것처럼 보이겠지만, 사실은 그렇지 않아요. 일반 종이는 물에 녹기 때문에, 그대로는 음료를 포장할 수 없다는 점을 알고 있지요? 종이는 물에 닿으면 결합이 끊어지기 때문에, 음료를 담는 종이에는 플라스틱 막을 덧씌운답니다. 우유 팩은 재생 가능한 펄프가 80% 이상이고, 나머지는 폴리에틸렌 성분의 필름으로 되어 있어요.

바로 우유 팩 안팎의 양면에 그런 필름을 붙이는데요, 왜 양면일까요? 우유 팩엔 주로 냉장 보관이 필요한 유제품을 담습니다. 우유 팩을 펼치면 흰색의 내면이 보이는데, 그처럼 우유가 닿는 곳인 안쪽 면에 필름을 붙여서 종이를 보호합니다. 그리고 냉장 과정에서 생기는 결로현상으로 인해 종이가 녹는 것을 방지하려고, 바깥쪽에도 폴리에틸렌 필름을 붙이게 되고요.

따라서 우유 팩은 일반 종이와 분리해서 배출해야 해요. 주민센터나 일부 생활협동조합(생협) 매장에 깨끗하게 말린 우유 팩을 모아서 가지고 가면, 키친타월이나 화장지 혹은 종량제봉투로 보상해 주기도 합니다. 우유 팩은 재활용 지원금을 받기 때문에 재활용업체에서도 재활용률이 높고, 폐지 가격이 하락해도 비교적 좋은 가격을 받을 수 있어요. 그런데 종이 팩의 재활용률은 겨우 15% 정도로, 유리나 페트병과 비교하면 매우 낮은 수준이라고 해요. 왜 그럴까요?

같은 음료를 담은 것이라도 내부가 은박지로 된 종이 팩이 있어요. 대개 이런 종이 팩은 멸균 팩이라고 별도로 구분해요. 주로 상온에서 보관할 수 있도록 멸균 제품을 담는 용도로 사용하지요. 여러분도 주스나 두유 종류가 담긴 멸균 팩을 많이 보았을 거예요.

이 멸균 팩은 재생 가능한 펄프가 약 75%, 폴리에틸렌 필름이 20%, 나머지 알루미늄이 5%로 구성되어 있어서 우유 팩과는 완전히 구분되지요. 알루미늄을 완벽하게 제거하기 어렵기도 하고, 종이가 해리되는 시간도 우유 팩과 달라서 별도로 취급해야 해요.

세계적으로 멸균 팩을 공급하는 기업인 '테트라팩'은 2019년 기준으로 유럽에서 50% 이상을 수거하여 재활용하고, 전 세계적으로는 약 26% 정도 재활용하고 있다고 합니다. 하지만 아직 우리나라에서는 재활용률이 2% 수준에 그치는 것으로 나타나고 있어요. 분리배출 체계가 조금 더 정교해지면 재활용률이 더 높아지긴 하겠지요.

하지만 경제성 때문에 여전히 재활용률이 낮은 상태랍니다.

유리

유리는 아주 오래전부터 저장 용기로 사용해 왔어요. 인류가 처음 유리를 만들었다고 보는 시기는 기원전 5000년경입니다. 문명의 발상지인 메소포타미아와 이집트에서 시작되었다고 보는데요. 모래에서 금속을 빼내기 위해 열을 가하는 과정에서 우연히 만들어졌다고 해요. 그 후 기원전 1세기쯤 로마나 페르시아에서 지금의 유리 만드는 기술이 보급된 것으로 보고요. 기원후 1세기경에는 스테인드글라스처럼 건축 재료로 활용되었답니다.

병으로도 일찌감치 활용된 것으로 보이는데요. 현재 보관 중인 가장 오래된 와인병은 5세기에 만들어진 것으로, 독일의 와인 박물관에 전시되어 있답니다. 유리는 무한히 재활용할 수 있는 소재로 알려져 있어요. 재활용할 땐 유리를 가루로 분쇄한 후, 이를 녹여서 다시 유리로 만들 수 있답니다.

유리병 중에는 분쇄 후 재활용하기보다 재사용하도록 장려되는 병들이 있어요. 바로 소주병과 맥주병 같은 유리병들이지요. 우리나라는 '빈용기보증금제도'를 활용해서 소주병과 맥주병을 모으고 있답니다. 수거율이 90% 이상으로 매우 높은 편이에요.

그러나 와인병은 안타깝게도 제대로 재활용하지 못하고 있어요. 투명한 유리병만 재활용할 뿐, 색이 짙은 와인병은 투명 유리병과 섞을 수 없으니 재활용이 안 되는 것이지요. 게다가 국내에서 생산하는 와인보다 해외에서 수입하는 와인이 훨씬 더 많아서, 빈 병을 수거해도 제조사에 보내기 어렵답니다. 그런 점도 재사용을 어렵게 하는 요인으로 작용하고 있어요.

그런 이유로 색이 있는 유리병은 재활용과 재사용이 어렵고, 타지도 않기 때문에 소각도 어렵답니다. 그래서 대부분 땅에 매립하고 있는데, 분해에 100년 이상이 걸린다고 하네요. 최근에는 유리병을 파쇄해서 콘크리트나 시멘트, 벽돌 등 건설 자재로 활용하는 기술을 개발하고 있답니다. 머지않아 와인병 유리도 재활용하는 날이 오겠지요.

와인병 말고도 재활용할 수 없는 유리가 있답니다. 심지어 투명한 유리인데도 말이죠. '내열 유리'라고, 전자레인지에 사용하는 식기용 유리가 바로 그렇답니다. 내열 유리는 일반 유리보다 녹는점이 훨씬 높아요. 이처럼 녹는점이 각기 다르기 때문에, 일반 유리와 함께 용해로에 넣으면 오히려 유리를 재활용하는 데 방해가 된답니다. 열에 강한 내열 유리는 이름만 유리일 뿐, 사기그릇이나 거울처럼 불연성 종량제 폐기물로 취급해야 합니다.

일반 유리처럼 보이는 또 다른 것으로 크리스털 유리가 있어요. 와인 잔 같은 잔에 크리스털이라는 표시가 있을 때는 재활용 유리로 취급해서는 안 돼요. 여기에는 실리카, 즉 유리의 원료 말고도 산화납 등 다른 물질이 섞여 있어서, 유리와 함께 녹이면 재활용하는 데 문제가 된답니다. 유리 가운데 거울 역시 재활용이 안 되니, 반드시 별도로 불연성 종량제 폐기물로 처리해야 해요.

철과 알루미늄

금속 캔으로 분리배출하는 물질에는 철과 알루미늄이 있어요. 철은 자석이 붙고, 알루미늄은 붙지 않기 때문에, 분리수거할 때 자성으로 구분할 수 있지요. 그래서 별도의 구분 없이 분리배출하는 경우가 대부분이에요.

하지만 꼭 구분을 해야 하는데 음료 캔이 철로 만들어졌는지, 알루미늄으로 만들어졌는지 잘 모르겠다면 손으로 눌러 보세요. 눌렀을 때 찌그러진다면 알루미늄 캔일 가능성이 높아요. 철로 만든 캔이라면 다칠 수 있으니 무리하게 시도하지 말아야겠죠? 대개 탄산음료의 경우 내부 압력이 높아요. 그래서 통조림 캔 방식으로 만들면 접합부가 터질 우려가 있기 때문에, 알루미늄 형태로 만들게 되지요.

조사에 따르면 알루미늄보다 철의 재활용률이 더 높다고 해요. 알루미늄은 30~50% 정도지만 철은 약 70~90% 재활용되고 있다고 하네요. 알루미늄을 재활용할 경우, 보크사이트 광석에서 알루미늄을 제련할 때 사용되는 전기량과 탄소 배출량을 줄일 수 있어요. 그래서 약 10% 정도의 에너지를 절약할 수 있다고 해요.

철로 만든 캔 하나를 재활용하면 60W 백열전구를 약 2시간 사용할 수 있는 전기를 절약할 수 있어요. 반면에 알루미늄 캔 하나를 재활용할 때는 60W 백열전구를 약 27시간 동안 사용할 수 있는 전기를 절약할 수 있다고 합니다. 그러니 알루미늄 캔의 재활용률을 높이도록 노력해야 할 것 같아요.

하나 더 기억할 것이 있어요. 금속 캔을 제외한 고철류는 금속 캔과 달리 반드시 철을 별도로 분리해서 버려야 해요. 특히 페인트나 기름이 묻은 경우엔 재활용할 수 없다는 사실을 기억해야겠죠?

건전지

학교에서 종종 재활용을 위해 건전지를 수거할 때가 있어요. 건전지는 내부에 유해한 화학 물질을 포함하고 있어서, 일반 쓰레기와 함께 폐기하면 토양을 오염시킬 수 있어요. 따라서 반드시 별도로 분리배출해야 해요.

폐건전지에는 우리 몸에 해로운 니켈과 카드뮴을 포함한 아연, 이산화망간, 흑연, 염화암모늄 등 많은 화학 물질이 들어 있거든요. 카드뮴은 일본에서 이타이이타이병의 원인 물질로도 알려져 있어요. 뼈가 물러져서 엄청난 고통을 주는 병이라고 해요. 그러니 폐건전지는 오염되기 전에 분리배출해야 한답니다.

폐건전지는 분리배출만 제대로 한다면 100% 재활용할 수 있는 자원이에요. 망간이나 아연은 대부분 수입 자원인데, 재활용을 통해 국내에서 사용하면 훌륭한 '도시 광산' 역할을 할 수 있거든요. 화학 물질을 추출한 후 남은 철 또한 재활용 자원으로 유용하지요.

학교나 아파트 단지, 주민센터 등에는 폐건전지를 모으는 전용 수거함이 별도로 마련되어 있어요. 어떤 주민센터에서는 새로운 건전지로 교환해 주는 경우도 있다고 하지요. 하지만 동전처럼 생긴 수은 건전지는 일반 건전지와 다르답니다. 시계점처럼 대량으로 수은 건전지를 배출하는 곳에서는 재활용할 수 있겠지요. 하지만 일반 건전지와 함께 수은 건전지를 배출하면 재활용이 어렵다는 점을 알아 두어야 하겠어요.

전자 쓰레기

기술이 발전할수록 종류도 다양해지고 생산도 활발해지는 제품에는 무엇이 있을까요? 아무래도 오늘날 들어 가장 활발하게 개발되는 제품은 전자 제품이 아닐까요? 가전제품의 발달로 특히 우리의 가정생활이 윤택해졌지요. 하지만 다양한 제품을 발명하고 사용할수록, 그만큼 폐기물 역시 종류가 다양해지고 많아지는 문제가 생기게 되었답니다.

전자 쓰레기란 사용자가 더 이상 사용하지 않거나, 낡고 수명이 다한 여러 가지 형태의 전기·전자 제품을 말해요. 유럽연합(EU)에서는 대형 가전제품, 소형 가전제품, 사무·정보통신 기기, 오락 및 소비자 전자 제품, 조명 기구, 전동 공구, 전자 장비, 완구와 스포츠 레저 용품, 의료 장비와 설비, 모니터 및 제어 설비, 자동 디스펜서 등의 폐기물을 모두 전자 쓰레기로 정의하고 있어요.

환경 운동 단체인 녹색연합이 2022년에 전국 106가구를 대상으로 조사를 했는데요. 그 결과, 각 가구가 소유하고 있는 전기·전자 제품은 평균 63개로, 그중 13.8개는 작동은 하지만 사용하지 않는 기기이고 2개 정도는 파손되었지만 방치하는 기기로 드러났다고 해요. 방치된 전기·전자 제품은 주로 오래된 스마트폰, 디지털카메라, 헤드폰 등의 소형 가전제품이었어요. 휴대전화기는 1인당 평균 1.62개를 소유하고 있어서, 가구당 평균 1개 이상의 폐휴대전화를 가지고 있는 것으로 조사되었지요.

휴대전화를 분리배출해서 버리지 않는 이유는 아무래도 자신의 개인정보가 유출되거나 불법적으로 사용되는 것을 걱정하기 때문일 텐데요. 제대로 수거한 폐휴대전화는 그런 불법적 사용을 방지하기 위해 파쇄부터 하기 때문에, 걱정은 하지 않아도 된답니다.

파쇄한 후에는 휴대전화에 남아 있는 금속 물질을 분리해서 자원으로 재활용하게 되지요. 휴대전화에는 알루미늄과 플라스틱, 유리 말고도 다량의 유가금속들이 포함되어 있어요. 금, 은, 구리, 팔라듐, 코발트 등 폐휴대전화 1톤을 재활용하면 약 1,000만 원 상당의 금속을 추출할 정도라고 하네요. 이러니 도시 광산을 이루는 것이 바로 휴대전화라고 볼 수 있겠지요? 우리가 폐휴대전화를 재활용하게 되면 그만큼 자원을 채굴하지 않아도 된답니다. 그러니 폐휴대전화를 재활용하는 일은 자원을 절약하는 일임을 꼭 기억해 두세요.

전자 쓰레기를 재활용하는 이유로는 자원 절약뿐만 아니라 보건

휴대폰 안에 포함된 추출 가능한 금속들
(출처: KERC)

상의 이유도 있답니다. 2019년 통계에 의하면 전 세계의 전자 쓰레기
는 약 5,360만 톤으로, 2014년에 비해 21%나 증가하였지만 재활용
률은 17%에 그쳤다고 해요. 특히 전자 쓰레기들은 개발도상국으로
흘러가서, 폐기물로 인한 오염 문제가 그 지역의 보건 문제를 야기하
고 있어요.

세계보건기구(WHO)는 2021년 보고서를 통해 이렇게 진단하기도
했어요. 개도국의 아동과 임산부 등 민감계층이나 사회적 취약계층

의 사람들이 전자 쓰레기 처리장 인근에 거주하며, 폐기물에서 금속을 채취하는 일을 한다는 거예요. 그래서 각종 화학 물질과 유독 물질에 노출되어 건강에 심각한 위해가 발생할 수 있다는 거였지요. 이런 독성물질을 지속적으로 흡입하게 되면 신경장애를 일으키기도 하고, 주의력결핍과다행동장애(ADHD), 갑상샘암 등 각종 질환에 걸릴 확률이 높아지거든요. 따라서 전자 기기를 최대한 오래 사용함으로써 쓰레기 발생을 줄이고, 전자 폐기물을 자국에서 처리하려는 노력이 반드시 필요해요.

미래 폐자원

무선 가전제품을 사용하게 되면 반드시 생기는 쓰레기는 무엇일까요? 바로 폐배터리(폐전지)예요. 휴대전화기가 무선이기 때문에 배터리가 내부에 있는 것처럼, 노트북이나 태블릿PC, 무선 청소기, 무선 전동 용구 등 각종 전기 제품에도 배터리를 장착한 경우가 늘고 있어요. 여기에다 스스로 움직이는 각종 로봇 역시 배터리를 내장하고 있지요.

가끔 무선 제품의 편리함에 놀라면서도, 리튬 배터리에 대한 부담 때문에 상품 구매를 고민하곤 하는데요. 미래에 배터리가 효과적으로 재활용된다면, 상품 구매에도 도움이 될 것 같아요. 리튬 배터리에 들어가는 금속을 다 채굴하는 데는 막대한 자원이 소요되거든요. 리튬 1톤을 채굴하는 데 필요한 물만 해도 227만L가 넘고, 채굴을 위해 희생되는 동식물도 적지 않답니다. 그렇다 보니 무선 전기 제품을 구매할 때 고민하지 않을 수 없는 거지요.

폐배터리를 두고 고민하게 만드는 또 다른 제품이 바로 전기 자동차예요. 오늘날 내연기관차의 종식이 코앞으로 다가오면서, 전기 자동차가 빠르게 보급되고 있지요. 그렇다 보니 대용량 배터리가 새로운 폐기물로 골칫거리가 되리라 예측된답니다.

전기 자동차의 배터리는 80% 이상의 효율을 가지고 있어야 해요. 때문에 그 이하로 효율이 떨어지면 더 이상 전기 자동차의 배터리로 사용하기가 어려워져요. 하지만 아직 70~80%쯤은 사용할 수 있는데 효율이 충분하지 않다는 이유로 배터리를 폐기한다면, 너무 많은 자원을 낭비하는 셈이 되겠지요? 그래서 전기 자동차의 폐배터리는 용량과 수명 등 잔존 가치를 측정해서 적절하게 보상한 후, 곧바로 분해하는 대신 전기를 저장하는 시설에서 한동안 더 재사용하게 될 것으로 보여요. 전기차 배터리의 원료로 사용하는 리튬, 코발트, 니켈 등의 국제 원자재 가격이 상승함에 따라, 폐배터리를 더 오래 사용해야 할 이유가 점점 더 분명해지고 있거든요.

리튬 배터리 셀 안에는 건전지처럼 양극과 음극이 있어요. 자동차의 리튬 배터리를 충전하면 리튬, 코발트, 니켈, 망간, 철 등의 산화물로 이루어진 양극에서 전자들이 나와서 음극으로 이동해요. 양극과 음극 사이에는 전자의 이동을 돕는 매개체인 전해질이 있고요. 양극에서 나온 리튬 이온(전자)이 음극에 잘 들어가려면, 음극에는 전자들을 잘 잡아주는 구조가 필요하겠죠? 음극재의 소재로 사용하는 흑연은 아주 규칙적인 데다 탄소가 여러 층 겹겹이 쌓인 구조라서, 이온을 잘 잡아주는 역할을 한답니다.

리튬 이온이 흑연 층 사이사이에 잘 들어가 있으면, 배터리의 출력 성능이 보장돼요. 그러나 충전과 방전을 반복하며 오랜 시간이 흐르다 보면, 흑연의 각 층이 자연스럽게 부서지고 무너지면서 분해 현상이 발생하게 된답니다. 만일 우리가 화학적 처리를 하거나 열을 가해서 무너진 층을 다시 살려낼 수 있다면, 배터리를 복구하게 되겠지요. 그래서 리튬 배터리를 분해할 때는, 최대한 직접적으로 음극을 살려내는 재활용 방법을 택하려는 노력이 포착되고 있어요. 에너지와 폐기물, 제조 비용을 절감할 수 있도록 말이죠. 이렇게 재활용하게 되면, 배터리를 제작하는 비용의 절반만으로도 새로운 배터리로 재탄생하게 되거든요. 그래서 비용 절감과 환경보호라는 측면에서, 배터리를 완전히 파쇄하지 않는 복구 방식의 재활용 방법에 더 많은 투자와 연구를 진행하고 있다고 해요.

과학자들은 리튬 배터리의 대안은 없을까 하는 고민도 한답니다. 전자를 저장하고 방출하는 데 유기물을 활용함으로써, 제대로 분해되는 배터리도 연구 중인데요. 아직은 비용과 시설에서 리튬 배터리를 앞서갈 상황은 아니라고 해요. 하지만 누구도 알 수 없죠. 엄청난 폐기물의 발생이 그런 미래를 앞당기게 될지도요.

미래 폐자원으로 태양광 패널에 대한 관심도 뜨겁답니다. 태양광 패널의 사용기한은 대략 25~30년 남짓이에요. 수년 안에 엄청난 양의 폐패널이 발생하리란 것을 예측할 수 있지요. 태양광 패널에는 재활용이 가능한 유리와 알루미늄, 은, 구리, 실리콘 등이 들어 있어요. 하지만 폐배터리와 마찬가지로 분쇄식으로 재활용하고 있어서 효율이 떨어진다는 문제가 있어요.

한국에너지기술연구원은 소재별 분리를 통해, 수명을 다한 태양광 패널을 고효율 태양 전지로 재활용하는 방법을 개발해 내기도 했어요. 폐패널을 유리 분리 장치에 넣으면 유리에 붙은 태양 전지 모듈 샌드위치가 떨어져서, 고순도 유리만 별도로 분리할 수 있게 되지요. 태양광 패널은 고순도 강화유리가 65~85%를 차지하고 그 외에는 알루미늄 비중이 크기 때문에, 폐기물의 재활용 가치도 높은 편이랍니다. 그것 말고 기타 금속 또한 회수할 수 있어서, 태양광 패널의 재활용 효율이 높아질 것으로 기대하고 있어요.

게다가 태양광 패널을 생산하고 판매하는 업체에 '생산자책임재활용제도(EPR)'를 적용함으로써, 태양광 패널을 재활용하는 책임을 기업에 부과하게 되었어요. 따라서 보다 효율적이고 비용을 절감할 수 있는 기술들이 앞으로 더욱 개발되리라 기대하고 있답니다.

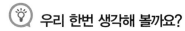
우리 한번 생각해 볼까요?

1. 고온·고압을 견뎌낸 다이아몬드나 석탄, 석유는 탄소를 가득 담은 물질이에요. 같은 탄소로 이루어진 물질이지만 서로 다른 가치를 지니는 이유는 무엇일까요?

– 그렇다면 가치를 만들어 내는 조건에는 무엇이 있을까요?

– 동일한 석유 자원에서 나온 나프타가 서로 다른 플라스틱이 되어 제각기 쓰임을 다한 뒤 버려졌을 때, 재활용하기 힘든 이유는 무엇일까요?

단 하나의 정답을 찾는 질문이 아니니까, 여러분들이 가진 생각을 나누어 보아요.

2. 생애주기라는 말은 우리 인생에서 태아기, 영유아기, 아동기, 청소년기, 중장년기, 노년기 등의 삶의 흐름을 시간적 관점에서 구분하는 말이에요. 그런데 이 말은 우리가 사용하는 제품에도 적용된답니다. 인간의 생애주기와 구별하여 '전 생애주기'라고 표현하기도 하는데요. 주로 제품의 원료를 채굴하는 것부터, 제품을 생산하고, 유통하고, 사용하고, 마침내 생애를 다하면서 폐기하는 순간까지를 의미하지요. 다음의 표에서 휴대전화의 생애주기를 떠올리며 각 단계마다 발생할 수 있는 탄소발자국을 상상해 봅시다. 각 모둠별로 생애주기 한 과정을 조사하고 설명하는 것도 좋은 방법일 거예요.

제품의 생애주기	탄소발자국 발생원	탄소발자국 정도	도움말
원료의 추출과 취득			휴대전화기에는 다양한 금속·비금속 물질이 포함되어 있어요. 배터리도 잊지 말아요.
원료의 가공			
부품의 제조 및 유통			
완제품의 조립과 포장			
제품의 유통			
제품의 사용			
제품의 재활용			
제품의 매립과 소각			

– 마지막으로, 어떻게 하면 탄소발자국을 최소화할 수 있을까요? 그 방법에 대해서도 토론해 보아요.

Part 2

경제학에서는 자원순환을
어떻게 볼까?

제3장

선형경제에서 순환경제로

1. 지속 가능한 지구를 위해, 순환경제

'우주선 지구호의 경제학'

　우리의 심장이 쾅 하고 뛰면 온몸에 피가 돌게 되지요. 우리는 단순히 심장이 펌프 역할을 하며 신체에 혈액을 제공한다고만 생각하지만, 사실 혈액은 산소와 영양분을 전달하는 역할을 담당하고 있답니다.

　혈액순환은 피가 폐를 도는 폐순환과 온몸을 돌아오는 체순환으로 나눌 수 있어요. 우리 몸은 폐 주변을 도는 폐동맥을 통해 산소와 영양분을 공급받으면, 심장을 거쳐 온몸에 뻗어 있는 동맥과 모세혈관의 가스 교환을 통해 산소를 세포에 전달합니다. 전신에서 배출된 이산화탄소와 노폐물은 정맥을 통해서 다시 심장과 폐정맥을 거치지요. 그리고 이산화탄소는 폐에서 몸 밖으로 내보내게 돼요. 그러니 동맥은 자원의 공급을 담당하는 혈관이고, 정맥은 폐기물을 담당하는 혈관이라고 볼 수 있겠네요.

　자원의 순환도 마찬가지 원리랍니다. 자원을 공급하는 산업은 동맥처럼 새로운 물질을 원료로 제공하고, 자원이 소비된 후 남은 폐기물은 누군가에 의해서 처리되겠지요. 그런 폐기물을 처리하거나 재활용하는 산업은 정맥과 같은 역할을 해요. 그래서 '동맥 산업'과 '정맥 산업'이라는 용어를 사용하기도 한답니다.

우리는 자원이 없으면 살아가기 어려워요. 매일매일 사용하는 물과 에너지, 식량도 자원이고, 학용품, 옷, 신발, 자동차, 건물 등 대부분의 상품은 천연자원에 의존해서 만들어지지요. 그런데 이 모든 자원은 어디에서 오길래 끊임없이 이어지는 것일까요?

물은 비가 가져다주고, 에너지는 태양에서 오고, 식량은 흙과 햇볕, 물이 만들어 주는 것일까요? 맞아요. 기본적으로는 순환 원리에 따라 자원이 돌고 돌아야, 지구가 수십억 년을 살아온 것처럼 우리도 지속 가능하게 살아갈 수 있을 거예요.

이렇게 끊임없이 자연의 순환 원리에 따라 생성되는 자원을 '재생 가능한 자원'이라고 불러요. 다시 만들어질 수 있는 자원이라는 의미죠. 태양광이나 태양열 에너지, 바람에 의한 풍력, 물의 흐름과 낙차로 생성되는 수력, 바닷물의 만조와 간조 차이로 형성되는 조력과 같은 것이 지구에서 끊임없이 재생되는 에너지, 즉 '재생에너지'랍니다.

식량 작물은 어떤가요? 토양에서 분해되는 영양분과 물, 햇빛으로 광합성을 하는 식물이 자라는 원리를 생각해 보면, 식량 작물 또한 재생하는 자원이지요. 물론 전 세계적으로 증가하는 인구를 감당하기엔 턱없이 부족하기 때문에, 적절한 양의 식량을 생산하기 위해서는 인공적으로 퇴비나 비료와 같은 영양분을 추가로 공급할 수밖에 없지만요.

다른 자원들도 한번 생각해 보세요. 석유, 석탄, 철강, 섬유, 시멘트 등 대부분의 자원은 천연자원에서 원료를 공급받고 있어요. 하지만 자연이 다시 그러한 자원들을 만들어 내는 데는 수백만 년의 시간이 필요하답니다. 인류의 시간 범위를 벗어나는 엄청난 시간이 필요하기 때문에, 그런 천연자원은 '비재생 자원'이라는 말로 표현해요. 그러니 자원은 '재생 가능한 자원'과 '재생 불가능한 자원'으로 구분할 수 있겠네요.

그런데 계속해서 재생 불가능한 천연자원을 채굴하여 사용하면 어떻게 될까요? 어느 순간 그 자원이 고갈되는 날이 오고 말 거예요. 미국의 경제학자 케네스 볼딩은 그런 상황이 오는 것을 우려해서, 1966년 〈우주선 지구호의 경제학(The Economics of the Coming Spaceship Earth)〉이란 글을 통해 자원을 순환해서 사용해야 한다는 개념을 제안했어요. 예전에는 자원이 정말 많았기 때문에 원하는 만큼 꺼내서 써도 되는 상태였지만, 이제는 점점 그 양이 줄어들기 때문에 자원을 최대한 절약해야 한다는 의미였지요. 또한 이미 생산된 제품을 재생해서 필요한 물건을 만들어야 한다는 뜻이기도 했고요.

이제, 순환경제

1989년 영국의 경제학자 데이비드 피어스와 케리 터너는 함께 쓴 《천연자원과 환경 경제학(Economics of Natural Resources and the Environment)》이라는 책에서 '순환경제(Circular Economy)'라는 말을 처음 사용하였어요. 순환경제란 '원료의 조달→생산→유통→소비→폐기→재생→원료 조달'을 통해 물질의 순환적 흐름을 우선시하는 경제 체제랍니다.

우리가 흔히 말하는 일반적인 경제나 시장 원리는 '원료의 조달→생산→유통→소비→폐기'의 흐름을 보입니다. '재생'이라는 부분이 없이 한 방향으로만 흘러가는 '선형경제'인 것이지요. 하지만 순환경제는 물질의 폐기 후 자원을 원료로 재생하는 부분을 포함해요. 그럼으로써 전체 물질이 지속적으로 순환할 수 있도록 만들어야 한다는 '지속 가능'의 원리를 도입한 것이죠. 그러니까 선형경제는 동맥은 있지만 정맥은 거의 없는 상태와 마찬가지랍니다. 폐기만 담당하기 때문에 순환의 기능은 하지 못하는 문제가 발생하는 것이죠.

우리가 순환경제를 중요하게 인식하게 된 계기가 꼭 천연자원의 고갈 때문만은 아니에요. 천연자원을 채굴하는 과정, 상품을 생산하는 과정, 또 쓰레기를 폐기하는 과정에서 배출되는 온실가스가 지금의 기후변화를 일으키는 주된 원인이기도 하거든요. 때문에 화석연

선형경제와 순환경제

료 시대를 마감해야 하는 입장에서, 재생 가능한 자원과 재생 가능한 에너지가 매우 중요해진 것이죠.

물론 여전히 문제는 있답니다. 자원을 재생하는 과정에도 연료는 필요해요. 또 에너지를 사용해야만 원재료와 흡사한 상태로 자원을 되돌려 놓을 수 있고요. 그처럼 순환경제가 기후변화를 완벽하게 해결할 수는 없답니다. 그 이유는 열역학법칙과 관련이 있는데요, 좀 더 자세히 알고 싶다고요?

2. 경제학자도 알아야 할 열역학법칙

모든 에너지는 보존돼요(제1법칙)

첫 번째 열역학법칙은 에너지보존법칙이라고도 불러요. 고립된 시스템에서는 에너지가 일정하다는 원리예요. 자세히 말하자면, (에너지가 외부에서 들어가거나 내부에서 나오지 않는) 닫힌 시스템에서는 에너지가 다른 형태로 전환될 수는 있어도 새롭게 만들어지거나 파괴될 수는 없다는 뜻이랍니다.

경제를 다루겠다고 말했는데, 어째 다시 과학으로 돌아간 느낌이 드는군요. 하지만 경제학을 다루는 사람도 자연과학의 이치를 알지 못하면 지금의 수많은 문제를 풀 수 없답니다. 열역학법칙은 경제학적 시각에서도 꼭 알아두어야 할 법칙이고, 생태경제학자들이 중요하게 다루는 과학 법칙이기도 해요.

열역학법칙은 19세기 중반 유럽의 여러 과학자들이 제시한 것이라, 딱히 누군가가 먼저 주장한 이론이라고 보긴 어려워요. 여러 현상을 관찰하던 과학자들이 이러한 이론을 제시했는데요. 예를 들면 우리 몸에서 음식이 소화되어 에너지로 변하는 과정을 통해서도 열역학법칙을 발견할 수 있었답니다.

음식을 섭취하면 우리 몸에서는 소화작용이 일어나요. 소화는 연소 작용과도 흡사한데요. 고분자유기화합물인 탄수화물에서 당분이 쪼개지면서 이산화탄소와 물로 분해되며 에너지를 발생하지요. 바로 세포에서도 그런 활동이 일어나는데, 호흡을 통해 들어온 산소로 양분(탄수화물 등)을 분해하는 산화 과정을 통해 에너지가 만들어진답니다.

과학자들은 음식물이 가진 열량이 에너지로 바뀌는 것을 보면서, 열과 에너지가 결국 서로 바뀔 수 있는 것임을 알게 되었어요. 가끔 신문 기사를 읽다 보면 '에너지 효율'이라는 단어를 만나기도 하는데요. 예를 들면 차의 연료를 비교하며 에너지 효율을 운운하곤 하잖아요? 에너지 효율로 봤을 때 휘발유 자동차가 낫다느니, 전기 자동차가 낫다느니 하면서요.

휘발유 자동차는 내연기관을 통해서 에너지를 생산하는데요. 내연기관이란 액체 연료를 가열해 가압 가스를 만들어서, 그 힘으로 피스톤을 움직여 바퀴를 구동하는 역할을 하는 엔진을 말해요. 그런데 그 과정에서 에너지가 열로 바뀌면서, 실제로 피스톤을 움직여 바퀴를 구동하는 에너지보다 외부로 사라지는 열이 많아요. 휘발유가 가진 에너지 가운데 약 16~25%만이 실제 바퀴를 움직이는 데 사용된답니다. 뜨거운 엔진이 피스톤의 운동에너지로 다 전달되는 것이 아니라는 말이에요. 아무리 이상적인 열기관을 만들어도, 100% 에너지 효율을 달성하기란 불가능에 가깝다고 볼 수 있어요.

반면 전기차는 내연기관 없이 바로 모터를 통해 바퀴를 구동하는데요, 에너지가 31~35%쯤 손실된다고 해요. 하지만 속도를 줄일 때 발생하는 '회생 제동(속도를 줄일 때 가속페달에서 발을 천천히 떼는데, 이때 바퀴가 모터를 거꾸로 돌리며 전기를 발생시킨다)'으로 22%의 에너지를 다시 회수하기 때문에, 충전 에너지의 87~91% 정도를 바퀴 구동에 사용할 수 있다고 합니다.

물론 전기를 생산하고, 그 전기가 송전선을 타고 충전 시설로 와서 충전되기까지 손실되는 에너지도 적지 않지요. 그렇기 때문에 종합적으로 봤을 때, 어떤 방식으로 충전하느냐에 따라 효율은 크게 달라질 수 있어요. 에너지 효율이란 필요한 부분에 얼마나 에너지를 활용할 수 있느냐를 따지는 것이에요. 에너지보존법칙에 따라 열량이 모두 에너지로 활용되지 않고, 주변에 열을 방출하는 것으로 소모되어 버린다면 경제적으로도 많은 낭비가 되겠죠.

여기 두 집이 있다고 상상해 봐요. 한 집은 석탄이 가진 열량을 바로 열에너지로 바꿔서 집을 데우는 방식으로 난방을 해요. 또 한 집은 전기를 공급 받아 난방을 하는데요. 석탄을 태워서 얻은 증기로 터빈을 돌려 전기가 생산되면, 그 전기가 송전선을 타고 집으로 와서 난방 에너지로 사용되는 식이지요.

여러분 생각에는 이 2가지 난방 가운데 어떤 방법이 더 에너지 효율적인 것 같나요? 직감적으로 석탄을 바로 태우는 방식의 에너지 효율이 더 높을 것으로 생각되지요? 그러나 가정에서 직접 석탄(연탄)을 사용한다고 해도 주변으로 사라지는 열이 많다면 효율은 떨어져요. 핵심은 주변으로 사라지는 에너지를 최소화하면 할수록 효율은 높아진다는 것이죠.

한국에너지공단에 의하면, 2020년을 기준으로 화력발전소에서 가정으로 전달하는 전력은 투입된 에너지의 37.6%에 그친다고 해요. 그러니 인덕션레인지의 에너지 효율이 90%이고 가스레인지의 에너지 효율이 55%라고 할지라도, 전기를 사용하는 인덕션레인지보다 가스 불로 요리하는 편이 효율이 높다고 주장하기도 합니다.

그러나 우리는 에너지 효율로만 상품을 선택하지는 않지요. 기후변화와 건강, 환경문제를 고려한다면 다소 에너지 효율이 낮더라도 다른 선택을 할 수밖에 없을 거예요.

내 방이 어지러운 데는 다 이유가 있다니까(제2법칙)

두 번째 열역학법칙은 일명 엔트로피 법칙이라고도 불러요. 19세기 중반 발표된 한 연구에서, 물리학자인 루돌프 클라우지우스는 열은 항상 높은 곳에서 낮은 곳으로 흐른다고 주장하였죠.

그런데 왜 열은 온도가 높은 곳에서 낮은 곳으로 흘러갈까요? 아이스 아메리카노를 만들 때를 떠올려 보세요. 얼음이 가득한 컵에 뜨거운 에스프레소 샷을 넣지요. 그러면 얼음이 녹으면서 커피 온도를 끌어내리며 시원한 커피가 되는 거예요.

만일 열이 차가운 곳에서 뜨거운 곳으로 흐른다면 어떻게 될까요? 차가운 얼음은 열을 빼앗겨서 더욱 차가워지고, 열을 받은 에스프레소 커피는 식지 않고 더 뜨거운 상태가 될까요? 한 번도 상상해 보지 못한 장면이라 당황스럽다고요? 열이 온도가 높은 곳에서 낮은 곳으로 흐른다는 것을 우리는 이미 너무나 당연한 사실로 여기고 있어요. 그처럼 에너지가 한 방향으로 흐르는 경향이 있다는 것이 바로 엔트로피의 법칙이에요.

엔트로피는 분자의 무질서한 정도를 나타내는 말이고요. 엔트로피 법칙이란 엔트로피가 낮은 상태(무질서함이 적은 상태)에서 엔트로피가 높은 상태(무질서함이 커지는 상태)로 에너지가 이동한다는 이론이에요. 질서정연한 구조에서 질서가 흐트러지는 쪽으로 반응이 일어난다는 말이기도 해요. 열이 높은 상태에서 차가운 주변 환경을 만나면, 그 열은 이동하게 되지요. 그렇듯 똑같은 고온의 두 물질이 아니라면 열은 무조건 이동하게 되니, 주변으로 열을 빼앗기게 되는 것이죠.

이러한 현상의 반대 방향, 즉 엔트로피가 낮아지는 방향으로는 반응이 일어나지 않아요. 그것이 자연스러운 현상이에요. 그래서 '비가역적'이라고도 불러요. 열이 낮은 곳에서 높은 곳으로 이동하는 것과 같은 반대의 현상은 일어나기가 어렵다는 말이죠.

열 대신 무질서한 정도로만 설명해 볼까요? 예를 들어 잉크 1방울을 물에 떨어뜨렸다고 상상해 보아요. 잉크는 병 안에 있을 때보다 물속에서 무질서한 상태로 나아가게 될 거예요. 잉크가 물에 퍼지는 현상을 그렇게 해석할 수 있으니까요. 하지만 이 상황이 반대로도 진행될 수 있을까요? 아니에요, 물속에 있는 잉크가 원래의 상태로 모이는 현상은 일어나지 않아요. 영상을 촬영한 후 거꾸로 돌리지 않는 이상은요. 유리컵을 구성하고 있는 분자들이 컵이 깨지면 다시 원래의 상태로 돌아가기 어려운 것처럼 말이지요.

이런 현상들은 일상 곳곳에서 일어나요. 깨끗하게 정리정돈되어 있던 방에 아이들이 들어오면 어떻게 되나요? 방이 순식간에 어지러워지지요. 색깔별로 잘 정리된 비즈를 쏟아놓으면 점점 더 섞여버리고, 밥을 비벼서 비빔밥으로 만들면 원래의 재료로 돌아가기 어려운 상태가 돼요. 이 모든 현상이 엔트로피 법칙과 관련이 있답니다.

그런데 깨진 유리컵도 열을 가해 고온으로 녹이면 새로운 유리컵으로 만들 수 있어요. 또 어지러운 방도 엄마가 에너지를 쏟아 넣으면, 원래의 모습대로 정리정돈이 되곤 하죠. 힘들지만 비즈나 비빔밥도 처음과 유사한 상태로 돌릴 수는 있어요. 이렇게 외부의 에너지가 다량 투입되면 원래 상태로 돌아갈 수는 있지만, 에너지보존법칙에서 배웠듯이 고립된 시스템에서 에너지가 새롭게 만들어질 수는 없답니다. 다른 에너지로 형태를 바꿔서 물질의 엔트로피를 낮추는데 동원되는 것일 뿐이에요. 그만큼 에너지가 무질서한 상태로 바뀌니 사용할 수 있는 좋은 에너지는 줄어들고 질 낮은 에너지, 즉 엔트로피가 높은 상태가 되고 말겠죠.

우리 지구는 태양에서 오는 에너지를 제외하고는, 들어오고 나가는 물질이 없는 고립된 시스템이에요. '닫힌계'라고도 표현하는데요. 이런 닫힌계에서는 앞에서 말한 두 열역학법칙이 반드시 들어맞아야 말이 돼요. 하지만 이러한 법칙을 거스르는 것이 있는데, 바로 생명 활동이랍니다.

생명은 자신을 스스로 조직해서 엔트로피가 낮은 상태를 유지하고자 노력해요. 그래서 태양에서 오는 에너지를 활용하죠. 식물이 광합성을 하면서 영양분을 만들고, 그 에너지로 세포를 구성하고 성장을 해요. 생명 활동은 에너지가 충만한 상태, 즉 낮은 엔트로피 상태를 만들어요. 그리고 땔감이 되거나 다른 용도로 사용되면서, 즉 죽음으로써 엔트로피가 다시 증가하는 상태가 되는 것이죠. 지구에 수많은 생명이 탄생하고 다시 흙으로 돌아가는 순환의 원리 속에서,

생명을 스스로 탄생시키는 식물과 미생물의 역할이 정말 크다는 생각을 하게 되는군요.

쓰레기도 결국 엔트로피 때문이야

자연환경에서는 낮은 엔트로피 상태로 있던 물질과 에너지가, 인간의 소비 활동에 따라 높은 엔트로피 상태로 폐기되는 상황이 발생해요. 이 둘의 총량은 결과적으로 일치한답니다. 너무 어려운 말이라서 이해하기가 조금 힘들지요? 수백만 년 동안 에너지를 축적한 자원, 즉 화석연료가 타면서 열을 발산해요. 그러고 나면 그 열은 지구 어딘가에 흩어지고, 엔트로피가 높아진 쓰레기가 쌓이게 된다는 말이에요.

인간은 자연에서 생성된 많은 자원을 사용하고 폐기해요. 그러는 동안 환경의 자정 능력을 초과하여 배출하는 쓰레기 때문에, 환경문제가 지속적으로 발생하고 있어요. 자연의 법칙을 거스를 수는 없으니, 이 문제를 해결하는 방법을 찾아봐야겠지요?

우리 활동으로 배출되는 쓰레기양을 줄여서, 자원의 고갈 속도를 줄이고 환경오염도 줄이는 것이 최선의 방법일 거예요. 하지만 에너지의 사용이나 상품의 생산과 소비는 우리 삶의 질을 유지하는 데도 매우 중요한 요소예요. 그러니 꼭 필요한 상품은 생산할 수밖에 없답니다. 다만 폐기물까지 가는 동안 최대한 오래 사용하고 폐기물은 재활용하는 식으로, 최종적으로 폐기해야 하는 쓰레기양을 줄여야겠죠. 그러니 자원문제와 환경문제, 기후변화 문제는 모두 열역학 법칙으로 설명할 수밖에 없다는 것을 이제 이해할 수 있겠지요?

3. 물건도 사랑이 필요해

물건을 오래 써야 지구도 오래 살 수 있어요

여러분은 잠들 때 꼭 껴안고 자는 인형이 있나요? 그렇다면 여러분은 나름의 '애착 인형'을 가지고 있는 셈이에요. 어린아이 가운데 어떤 아이는 애착 담요를 갖고 있기도 하지요. 엄마가 입던 티셔츠를 꼭 껴안고 자는 아기도 본 적이 있는데, 아마도 엄마 냄새를 맡을 수 있어서 안정감을 느끼나 봐요.

또 어떤 아이는 특정한 책을 밤마다 꼭 읽어야만 잠이 들기도 하고, 어떤 아이는 자전거용 헬멧을 어디서도 벗지 않고 늘 착용한 채 다니기도 합니다. 어린아이들이기에 하나도 이상하게 보이지 않는 행동들. 어릴 땐 모든 애착 행동이 어떤 이유에서 나오는지 알 수 있기 때문에 참 귀여워 보이기도 하지요.

영화 〈토이 스토리〉에는 아이들에게 점차 잊히고 사용되지 않아서 서운해하는 장난감들이 나옵니다. 우리가 상상의 나래를 펼쳐보면, 생명이 없는 물건조차 나름 존재의 의미를 찾으려고 노력하고 있다는 생각이 들어요.

우리는 저마다 자신이 사랑하는 물건이나 사람, 동물, 식물이 있어요. 요즘은 반려견이나 반려묘에서 나아가 특이한 동물뿐 아니라 반려 식물을 돌보는 사람까지 있답니다. 심지어 '반려석(돌)'을 돌보는 방송인도 있던데요. 특히 혼자 사는 사람이 많아질수록, 외로움을 달래거나 위안을 받을 수 있는 물건과 동식물이 필요해지기도 하지요.

우리는 가끔 남에게 보이는 모습 때문에 물건을 구입할 때도 있어요. 하지만 위안이 되는 물건은 우리를 행복하게 해주니, 틀림없이 더 가치 있게 쓰이게 되겠지요. 물건이 만들어질 때는 다 나름대로 쓰임새가 있고 이유가 있답니다. 사람들을 편리하게 해주거나, 안전하게 해주거나, 건강을 돌보아 주는 등 사용자에게 만족감을 줄 수 있기에 생산되는 것이겠죠? 그러나 안타깝게도 우리는 주변에서 아주 잠시 편리함을 주긴 하지만 너무나 쉽게 버려지는 물건을 만나기도 합니다.

일회용품처럼, 태어날 때부터 생명이 짧은 물건이 있어요. 저주를 받은 인생도 아닌데, 어찌 태어날 때부터 '너는 한 번만 쓰고 버려져야 해!'라고 낙인이 찍힌 것일까요. 일회용품에는 어떤 물건들이 있을까요? 생각보다 많답니다. 우리는 숟가락, 젓가락뿐만 아니라 컵이나 접시도 일회용품을 사용하지요. 식탁보도 한 번 쓰고 버리고, 심지어는 우산도 한 번 쓰고 버려도 되는 일회용이 있습니다. 콘택트렌

즈, 면도기, 칫솔, 비누 등도 일회용품으로 나오는 물건들이 있어요. 샴푸나 린스처럼 내용물을 채워서 쓸 수 있도록 리필제품이 나오긴 하지만, 여전히 많은 사람들이 여행지 등에서 한 번만 사용하고 버리지요.

그렇다면 기업은 왜 일회용품을 만들게 되었을까요? 첫 번째 이유는 사용자들의 편리함 때문이겠죠. 물건을 집에서 가지고 나와 들고 다닐 필요도 없고, 사용한 후엔 귀찮게 세척할 필요도 없기 때문이에요. 그러나 우리의 '귀차니즘'이 썩지 않는 쓰레기를 안 만들어내는 일보다 더 소중하게 존중받아야 할까요?

두 번째 이유는 위생적이라는 점을 꼽을 수 있는데요. 다시 사용하는 경우 세균이 서식할 수 있다는 이유 때문입니다. 그러나 이 경우도 세균이 플라스틱으로 인한 환경오염보다 더 위해한지 의문이 들기도 하죠. 위생 관리에 조금 더 신경 쓴다면, 일회용품이 만드는 플라스틱 공해에 비해 훨씬 더 위생적으로 살 수 있지 않을까요?

한 번만 쓰고 버리는 것을 당연하게 생각하는 사람들이 많아질수록, 일회용품 같은 물건은 점점 더 많아질 수밖에 없을 거예요. 한번 쓰고 버리는 물건을 찾는 사람들이 많아진다는 것을 알면, 기업은 그런 물건을 더 많이 만들려고 할 테니까요.

물론 반대 의견도 있어요. 기업이 그 물건을 만들지 않았더라면 우리는 결코 일회용품을 사용하지 않았을 거라는 주장이죠. 일리가 있는 말이긴 해요. 하지만 '닭이 먼저냐 달걀이 먼저냐'는 식의 논란만 일으킬 뿐, 결과는 달라지지 않아요. 시장은 반드시 사람들의 욕망을 이용하게 마련이거든요.

코로나19를 겪으면서 사람들은 자연스럽게 일회용품을 더 많이 사용하게 되었어요. 환경부가 2023년 4월에 발표한 '전국 폐기물 통계조사'를 보면, 5년 전보다 1인당 생활 쓰레기 발생량이 2.2% 정도 늘었다고 해요. 그중에서도 종량제봉투를 사용해 버리는 일반 생활 쓰레기의 양이 255.4g에서 330.8g으로 거의 30%나 증가했어요.

특히 처음으로 일회용품 현황 조사도 실시하였는데, 그 결과 한 사람이 하루에 버리는 생활 쓰레기 가운데 일회용품이 37.32g으로, 전체 생활 쓰레기의 10%를 넘는다고 해요. 우리가 1년간 버리는 일회용품을 모두 모으면 70만 톤이 넘는 양이 된다고 하네요. 70만 톤, 상상이 잘 안 되는데요. 음식물을 포함하여, 하루에 한 사람이 버리는 쓰레기가 약 0.95kg 정도니까, 연간 1인당 약 350kg의 쓰레기를 버린다고 추정할 수 있지요. 그러면 대략 우리나라 인구 200만 명이 버리는 생활 쓰레기 전체량과 맞먹는 쓰레기가 일회용품 때문에 발생하는 것이로군요.

일회용품 시대, 이제는 폐막 중

　《플라스틱 바다》의 지은이인 찰스 무어는 일회용품 시대에 생일이
있다면 1955년 8월 1일일 것이라고 표현했어요. 참 재미있는 발상이
지요? 그가 일회용품 시대가 탄생했다고 표현한 날은, 유명 잡지인

Throwaway Living
DISPOSABLE ITEMS CUT DOWN HOUSEHOLD CHORES

1955년 8월 1일 〈라이프〉지에 실린 사진

〈라이프〉가 '쓰고 버리는 생활: 수십 종의 일회용 가정용품이 청소의 번거로움을 없애다'라는 기사를 실은 날이었어요. 여기서 최초로 '쓰고 버리는 사회'라는 용어를 사용하기도 하였죠.

이 기사에서는 일회용품의 탄생으로 여성들이 집안일에서, 특히 설거지나 빨래와 같은 가사에서 해방될 것이라고 말했어요. 그러면서 알루미늄 접시, 종이 냅킨, 종이컵, 수저와 포크가 공중으로 흩어지는 장면을 보여주었지요. 날아가는 일회용품들의 모습에서 여성이 해방되는 것 같은 모습을 느낄 수 있나요? 이 광고 이후 일회용품은 점차 집안일을 책임지던 여성들에게 대단한 인기 품목이 되었답니다.

2020년 기준으로 미국인 한 사람이 1년간 버리는 쓰레기양은 약 750kg이라고 해요. 한국인이나 일본인이 버리는 양의 2배가 넘는답니다. 어쩌면 일회용품을 즐겨 쓰는 문화가 그 배경에 있는 것인지도 모르겠네요.

그러나 일회용품이 가져온 수많은 문제들을 떠올려 보면 미래가 너무 걱정되기도 합니다. 그중에서도 플라스틱은 우리 눈앞에서 사라져서 안 보인다 해도 많은 문제를 일으키지요. 해양을 떠돌다 바다 밑바닥까지 가라앉고 있는 미세 플라스틱, 해양 생물들에게 많은 고통을 주는 플라스틱 쓰레기 등등. 이러한 문제의식 때문에 이제는 일회용품 사용을 금지하는 국가들이 늘어나고 있어요.

유럽연합에서는 2019년부터 10가지 일회용품의 유통과 판매를 금지하기로 했어요. 플라스틱 면봉이나 컵, 접시, 빨대, 각종 뚜껑과 마개, 커피 스틱, 배달용 포장재 등이 그러한 플라스틱 일회용품으로 지정되어서 순차적으로 금지될 예정이에요.

영국, 프랑스, 독일, 스페인 등 각 국가는 '포장재법', '낭비 방지 및 순환경제에 관한 법률', '일회용 플라스틱 금지령' 등의 법을 제정해서 일회용품의 사용을 금지하기 시작했습니다.

영국은 플라스틱 포장세를 부과해서 포장재 재활용 및 폐기 비용을 기업에 전부 부담시켰죠. 그리고 2023년 10월부터 식당과 카페에서 일회용 플라스틱을 완전히 금지하기로 하였어요. 테이크아웃을 할 때도 폴리스타이렌 컵의 사용과 포장을 금지한답니다.

프랑스는 이미 30가지 채소와 과일을 소량 판매할 때는 비닐 포장을 하지 못하도록 법을 만들어서 시행하기 시작했어요. 2026년부터는 모든 과일과 채소에 비닐 포장을 전면 금지할 예정이라고 해요. 물론 썰거나 가공한 과일과 채소는 예외지만요. 스페인은 다른 유럽 국가들에 비해 일회용품을 많이 쓰는 국가로 알려져 있었는데, 프랑스처럼 소규모 과일과 채소의 플라스틱 포장을 금지하는 법을 시행하기 시작했어요.

유럽 국가들뿐만 아니라 아시아 국가들도 일회용 플라스틱을 줄이기 위해 노력하고 있어요. 중국은 전 지역에서 발포 폴리스타이렌 음식 용기와 플라스틱 면봉의 생산과 판매를 금지했어요. 나아가

2026년부터 대부분 지역에서 일회용 플라스틱 식기와 택배 비닐 포장을 금지할 예정이라고 해요. 방글라데시도 일회용 비닐을 2012년부터 전면 사용 금지하였고, 인도도 일회용품 사용을 엄격히 규제할 예정이라고 발표했어요.

호주는 2040년까지 플라스틱 제품을 100% 재활용하겠다고 밝혔는데요. 각 주의 마트와 편의점에서 일회용 비닐봉지를 제공하지 못하게 하면서 재생 봉지만 사용하고 있다고 해요. 일회용 플라스틱 컵 또한 사라져서 차가운 음료도 재생 용지로 만든 종이컵에 담아 주는 경우가 많아지고 있답니다. 그러한 조치 때문에 코카콜라, 네슬레, 울워스 마트 등 호주에서 음료나 식품을 판매하는 기업들도 이미 플라스틱 병의 재료를 100% 재활용 플라스틱으로 바꾸고 있다지요.

우리나라에서 나오는 일회용품이 이렇게나 많다고?

우리나라에서 폐기되는 플라스틱 쓰레기 가운데 거의 절반은 일회용 플라스틱이 차지하고 있답니다. 특히 코로나19 발생으로 배달 음식과 택배 이용이 늘어나면서, 폐플라스틱이 14.6% 증가했고 폐비닐도 11% 증가했답니다. 그중에서도 일회용 플라스틱 컵 소비가 가장 많이 증가했는데요, 2017년보다 2020년에 무려 57%나 늘었어요. 이런 통계에 근거하면 2020년을 기준으로 할 때 1인당 일회용 플라스틱 컵을 102개 사용하고, 배달 용기는 568개나 사용한 것으로 추정할 수 있어요.

그린피스의 조사에 따르면[1] 한 해에 우리나라 전 국민이 소비한 페트병은 56억 개라고 하는데요. 500mL 생수병으로 환산하면 지구를 14바퀴나 돌 수 있는 양이라고 해요. 또 일회용 플라스틱 컵을 쌓으면 달까지 가고도 남을 양이라고 하지요. 우리가 무심히 사용하고 버리는 일회용 플라스틱이 모이고 모이면 엄청난 문제를 일으킨다는 사실을 반드시 인지할 필요가 있겠어요.

유럽과 아시아 등 수많은 국가가 플라스틱 오염 때문에 골머리를 앓고 있다 보니, 전 세계가 이 문제를 함께 노력해서 풀어가기로 했답니다. 유엔은 2024년 말까지 플라스틱으로 인한 환경오염을 줄이기 위해서 처음으로 '플라스틱 국제협약'을 만들기로 했어요.

플라스틱 협약이 체결되면 플라스틱 사용량과 생산량을 절감해야 할 뿐만 아니라, 재활용과 리필을 기반으로 하는 순환경제가 우리

---

1 그린피스. 2023. 3. 22.(https://www.greenpeace.org/korea/update/25806/report-disposable-korea-ver2-results/)

경제에 우선적으로 도입될 거예요. 그리고 폐기물 등 환경오염을 유발하는 기업에 강력한 책임이 부과될 예정이에요. 플라스틱의 생산과 유통량에 대한 정보도 투명하게 공개되겠지요. 따라서 그로 인한 책임과 환경에 대한 피해 정도도 파악할 수 있을 거예요. 이러한 국제적 약속과 각 국가의 폐기물 제도로 말미암아, 화려하게 등장했던 일회용품의 씁쓸한 퇴장을 1세기 만에 보게 되는 걸까요?

4. 경제는 우리에게 어떤 답을 줄까?

경제의 순환 원리

경제학은 경제 문제를 해결하기 위한 학문이에요. 경제 문제란 무엇일까요? 돈 문제? 나라의 경기가 어려워진다는 말?

경제학이 말하는 경제 문제란 희소한 자원 때문에 발생하는 분배의 문제를 의미해요. 경제학자들은 인간의 욕망이 무한하고 자원은 한정되어 있으므로, 욕망에 비해 부족한 자원 때문에 희소성의 문제를 겪게 된다고 말해요. 그래서 희소한 자원을 가장 효율적으로 분배하고 선택하게 하는 학문을 경제학이라고 부르죠. 다시 말하자면, 희소한 자원이 비효율적으로 잘못 분배되는 문제가 없도록 연구하는 학문이라는 뜻이겠죠. 그렇다면 경제학을 잘 배운다면 후회 없는 선택을 할 수 있을까요? 다음에 제시하는 시장의 모습에서 경제 순환의 원리를 파악해 봅시다.

경제 행위가 일어나는 공간을 시장이라고 불러요. 시장에는 생산요소 시장과 생산품 시장이 있어요. 생산요소 시장에서는 생산에 필요한 요소, 즉 토지, 노동, 자본이 거래돼요. 땅이나 건물을 가진 사람들이 공장을 짓게 해주거나 건물을 임대해 줘서, 기업이 생산 활동을 할 수 있도록 하죠. 노동자들은 노동을 통해서 생산이 가능하게 하고, 자본가는 돈을 빌려줘서 기업이 기술 개발이나 상품 생산을 할 수 있게 해줍니다.

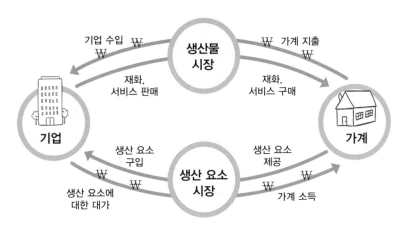

경제 활동 순환

그럼 이렇게 제공되는 자원과 노력에 기업은 어떤 대가를 주게 될까요? 임대인에게는 임대료를 지급하고, 노동자에게는 임금을, 자본가에겐 이자와 정해진 원금 일부를 지불하게 되겠죠. 그 외에도 원료를 판매하는 제조사나 제품을 유통하는 상인에게 물건 구매의 대가를 지급합니다. 그렇게 생산요소 시장에서 벌어들인 돈, 즉 가계소

득은 각 가계의 지출이 되어 기업이 생산한 재화와 서비스를 구매하는 데 쓰이게 되지요. 결국 생산품 시장의 수입은 기업으로 향하게 됩니다.

그렇다면 이 두 시장에서 발생하는 구매 행위는 경제학에서 말하는 가장 효율적인 자원 배분으로 이어질까요?

시장은 어떻게 돌아갈까?

취직이 워낙 어렵다 보니, 대학이 때론 학문의 전당이기보다 취업을 위한 준비 기관처럼 보일 때가 있어요. 모두가 졸업과 동시에 좋은 기업에 취업하는 것을 대학 생활의 최고 목표로 삼기 때문이죠.

그렇게 학생들은 열심히 준비하는데, 기업에서는 막상 직원을 뽑으려면 적합한 사람을 채용하기가 어렵다고 해요. 때론 좋은 인재를 선발했다 하더라도, 얼마 지나지 않아서 더 좋은 조건을 제시하는 기업으로 옮겨 가는 경우가 있다며 어려움을 호소하기도 하고요.

생산요소 시장에서 임금을 결정하는 일은 좋은 인재를 영입하기 위한 수단이에요. 하지만 입사 후 역량이 부족하다고 해서 임금을 많이 삭감하거나, 사람을 내쫓고 다시 직원을 채용하기란 쉬운 일이 아니에요.

특히 신입사원을 뽑을 때, 기업이 원하는 사람과 지원자 사이에는 거리가 존재하기 마련이죠. 실제로 서류만 보고 그 지원자가 얼마나 능력을 갖추고 있는지 판단하기 어렵기 때문이에요. 그래서 태도나 자질만 보고 뽑은 후에 훈련하는 편이 기업에는 훨씬 더 이득이라고 말하는 사람들도 있어요. 그러한 이유로 생산요소 시장에서 시장의 효율이 아주 높지만은 않다고 볼 수 있답니다. 그렇다면 생산품 시장에서는 어떨까요?

많은 사람이 선호하는 물건이 있는데 생산과 공급에 한계가 있다면, 그 물건은 분명 더 희소해지겠지요. 예를 들어 사람들이 크고 예쁜 과일을 선호한다고 쳐봐요. 그런데 크고 예쁜 과일을 재배하려면 농약을 많이 써야 한다는 사실을 사람들이 알게 되었어요. 그래서 농약을 사용하지 않은 과일을 선택하는 사람들이 급증한다면 어떤 일이 벌어질까요? 농약을 사용하지 않은 유기농 과일이 점점 희소해져서 가격이 올라갈 테죠. 반면 농약을 뿌린 과일은 희소성이 떨어지니 가격도 하락할 것이고요.

그다음 해에는 더 많은 농부가 좋은 가격을 받을 수 있는 유기농 과일을 생산하려고 노력할 거예요. 그러면 결국 어떻게 되겠어요? 유기농 과일을 원하는 소비자도 증가하겠지만 공급하려는 생산자도 많아져서 가격은 크게 오르지 않겠지요. 이것이 바로 시장의 작동 원리이자 '보이지 않는 손'의 원리예요.

여러분은 희소한 유기농 과일의 가격이 더 올라가리라는 것을 알고 있었나요? 직감으로 알았다고요? 아마도 여러분은 '경쟁'이라는 경험을 해 봤기 때문에, 이러한 희소성의 원칙을 이해할 수 있었을 거예요. 희소한 자원을 가진 시장의 원리는 경쟁의 원리와 아주 유사하거든요.

많은 학생이 소위 '명문 대학'을 가려면 경쟁이 치열해지겠죠. 그러다 보면 경쟁에서 우위에 있는 학생, 즉 성적이 좋은 학생들이 우선적으로 선발될 거예요. 모든 대학이 우수한 학생들을 선발하고 싶어 할 테니 말이에요. 만일 더 좋은 대학이라 하더라도, 컴퓨터 추첨으로 학생을 선발한다면 어떻게 될까요? 더 이상 사람들이 대학 때문에 치열하게 공부하는 일은 없어질지도 몰라요. 아니면 그런 대학은 더 이상 우수한 학생을 뽑지 못해서, 좋은 대학으로 평가받지 못하고 도태될 수도 있겠지요.

보이지 않는 손도 풀 수 없는 문제

시장은 효율을 중시하기 때문에 추첨과 같은 일은 하지 않아요.

그런데 지금의 시장을 통한 효율적 선택이 반드시 좋은 것인가에 대해서는 사람들마다 의견이 다르답니다.

예를 들어 유기농 과일이 건강과 환경에 좋다는 이유로 많은 사람들이 유기농 과일을 선택한다고 해 봐요. 그러면 과일 가격이 올라갈 테고, 가난한 사람들은 유기농 과일을 먹기가 어려워질 거예요. 생산자 입장에서는 유기농 인증을 받기 위해서 수년간 토양에 있는 농약 성분을 제거하는 노력을 해야 해요. 따라서 더 많은 농부가 유기농 과일을 생산하려고 해도, 기존의 생산지를 지금 당장 유기농 과수원으로 변경하기 어렵다는 문제가 있어요. 게다가 유기농 방법으로 과일을 키우게 되면 절반은 곤충과 새에게 양보해야 해요. 그런 문제들 때문에 유기농 과일은 언제나 희소한 상태로 머물 거예요. 결국 가격이 너무 비싸서 도시의 가난한 사람들은 건강에 좋은 양질의 과일을 먹기가 어려워질 테죠.

시장에 의한 경제적 선택은 부자와 가난한 사람 사이에서 늘 부자 편을 들게 되어 있어요. 즉 시장가격이 상승하면 공급이 증가해서 가격을 바로 떨어뜨리면 좋겠지만, 그렇게 공급할 수 없는 경우도 많거든요. 또는 상품의 가치를 높이 유지하려고, 일부러 생산을 적게 하는 경우도 있답니다. '한정판'이라고 출시되는 상품들이 있는 이유죠. 그렇게 높은 가격의 물건이라면 부자들만 살 수 있게 될 거예요.

그처럼 시장의 효율적 자원 배분이 반드시 성공적이지만은 않다는 의미에서 '시장 실패'라는 말을 쓰기도 해요. 그래서 정부가 존재하는 거예요. 물가가 너무 올라서 가난한 사람들이 살기 어려워지는 일이 없도록, 정부가 정책을 통해서 조절하는 역할을 해요. 가난한 사람들도 좋은 상품을 구매할 수 있도록 지원해 주기도 하고요.

빈부의 격차 때문에 삶의 질적 차이가 너무 많이 나게 되면, 사회는 불평등으로 인한 갈등이 많아질 수밖에 없답니다. 그런 갈등은 범죄 등 사회적 비용을 발생시켜요. 그러니 정부는 사회를 통합하고 불평등을 없애기 위해서 노력해야 해요. 이처럼 시장이 가진 효율성이라는 좋은 기능 뒤에는 불평등과 사회적 정의, 사회 통합이라는 문제가 놓여 있답니다.

시장에는 또 다른 문제도 있어요. 시장에서 물건의 가격은 보이지 않는 손에 따라 움직여요. 그렇다 보니 어떤 경우에는 사람들의 선호, 즉 수요를 움직이는 정보나 홍보, 마케팅이 자원의 효율적인 배분을 어렵게 하는 경우가 있어요. 아무리 좋은 상품이라고 하더라도 소비자에게 정보를 전달하지 않으면 사람들은 그 상품을 선호하지 않겠죠. 우리는 상품에 대한 모든 정보를 갖고 있는 것이 아니기 때문에, 완벽하게 합리적인 선택을 하기 어려워요. 누군가가 의도적으로 자신에게 유리한 정보나 '가짜 정보'로 시장을 교란한다면, 보이지 않는 손은 자원을 효율적으로 배분하기 어려워져요.

고의적인 '가짜 정보'들이 소비자를 호도한 사례가 있어요. 경쟁 업체 상품에서 벌레가 나왔다든가 해로운 물질이 발견되었다는 등 고의로 소문을 퍼뜨린 경우였죠. 뉴스를 믿은 사람들은 벌레나 해로운 물질이 들어 있다는 상품을 사지 않게 될 거예요. 그러면 결국 해당 업체는 시장에서 사라지기까지 하는 큰 피해를 입을 수도 있어요. 이런 경우 소비자는 잘못된 정보에 따라 선택을 한 것이므로, 그 선택은 효용성이 높다고 말할 수 없겠지요.

그런 문제들 때문에 정부는 시장의 질서를 잘 유지하기 위해, 잘못된 정보가 유통되지 못하도록 단속하고 있답니다. 하지만 여전히 교묘하게 소비자를 속이거나, 소비자의 선호를 조종할 수 있는 부당한 정보 마케팅은 계속되고 있어요.

그린워싱, 녹색 분칠로 소비자를 속여요!

여러분도 '가치소비'라는 말을 들어보았지요? 최근 들어 기후변화 문제 때문에, 온실가스를 많이 배출하는 기업의 상품은 구매하지 않으려는 소비자들이 늘고 있어요. 그렇다 보니 기업은 환경적으로 책임 있는 모습을 보이려고 노력해요. 그런데 개중에는 진실하게 책임을 지기보다, 말로 소비자를 속이는 경우도 많답니다. 그래서 시민단체들은 소비자를 속이는 기업들의 말과 행위에 대해서 그린워싱이라는 표현으로 비판하고 있어요.

'그린워싱(Green Washing)'이란 실제로는 환경에 유익한 행위를 하지 않으면서, 겉으로만 친환경적인 말로 포장해서 경제적 이득을 취하는 행위를 말해요. 그런 행위는 시장에서 소비자에게 거짓 정보를 흘려 시장 질서에 혼란을 일으키고, 소비자가 올바른 선택을 하지 못하게 해요. 때문에 정부는 그린워싱을 하는 기업에 제재를 가할 수 있어요. 게다가 그런 행위는 진정성을 가지고 친환경 기술을 개발하고 투자하는 기업의 의욕마저 떨어뜨린답니다. 우리 사회가 친환경적으로 전환할 수 있는 기회를 늦추는 악영향까지 주는 거예요.

세계적인 항공사인 델타항공은 여객기가 배출한 탄소만큼 탄소배출권을 구매했다는 이유로, '세계 최초 탄소 중립 항공사'라는 홍보를 했어요. 그러면서 고객에게 더 비싼 항공권을 구매하도록 유도했지요. 델타항공이 인도의 풍력 및 태양열 발전 프로젝트에 투자하거나, 인도네시아 습지 보호 프로그램에 투자해서 탄소배출권을 얻었기 때문인데요.

겉으로는 문제가 없어 보이지만, 탄소배출권 발급 업체인 '베라'라는 기업에서 발행한 탄소배출권 사업들이 실제로는 탄소 감축 효과가 거의 없다고 알려졌답니다. 그러면서 탄소배출권을 사서 탄소 중립을 하고 있다는 델타항공의 홍보 내용이 소비자를 호도한다는 비판을 받게 된 것이죠. 우리나라에서도 어떤 기업이 베라의 탄소배출권을 구매해서 '탄소 중립 윤활유'를 홍보했다가 환경부의 행정지도 조치를 받기도 했어요.

우리나라 환경부는 '환경성 표시·광고 관리 제도'를 통해서 그린워싱 사례들을 찾아내고 있는데요. 재활용 물질을 사용한다고 광고는 하지만 실제로 어떤 성분을 얼마큼의 비율로 포함하는지 기재하지 않는 경우, 그린워싱으로 보고 부당한 광고라고 규정하지요. 어느 유명 브랜드 업체에서 '페트병 100만 개를 재활용'해서 만든 플리스 재킷이라며 광고한 적이 있는데요. 실제 제품에는 '폴리에스터'라고만 표기되어 있어서, 재생섬유로 만들어진 제품인지 아닌지 알기가 어려웠어요. 환경부가 규정하는 부당한 광고의 사례이지요.

미국 캘리포니아 주법은 '합성 가능' 혹은 '생분해 가능'으로 표시된 플라스틱의 판매를 금지했어요. 그런 문구를 써놓으면 마치 매립지에서 제품이 신속하게 생분해될 것처럼 여겨지기 때문에, 사람들이 오해할 소지가 있다고 본 거예요.

한 패스트푸드 업체에서는 플라스틱 빨대를 종이 빨대로 대신하면서, 재활용 가능한 대체물질로 교체했다고 광고했지요. 하지만 시민단체들은 이 빨대가 재활용될 수 없으므로 그린워싱에 해당한다고 주장했어요.

탄산음료를 제조하는 한 기업도 최근 저당 음료를 출시하면서, 친환경·건강 음료라는 이미지와 플라스틱 쓰레기를 줄이는 데 앞장선다는 홍보문구를 썼어요. 하지만 이 회사는 여전히 플라스틱을 가장 많이 배출하는 기업인 데다, 출시한 음료마저 건강에 좋지 않은데 건강 음료라고 표기한 탓에 법적인 제재 조치를 받기도 했답니다.

그 외에도 무수히 많은 국내외 기업들이 플라스틱 포장재와 관련해서 '친환경', '생분해', '재활용'이라는 용어를 사용하며 홍보하고 있어요. 그럼으로써 소비자들에게 잘못된 정보를 주는 탓에 사회적 문제가 되고 있지요. 친환경 홍보를 믿고 물건을 구매한 소비자의 행동을 무의미하게 만들뿐더러, 그린워싱 기업의 반환경적인 상품을 더 많이 구매함으로써 환경문제를 악화시키는 결과를 낳기 때문이에요. 또한 그런 기업들의 광고가 그린워싱으로 판명 나면, 소비자들은 더 이상 기업들의 친환경 광고를 신뢰하지 않게 될 거예요. 그러면 다른 기업들의 진정성 있는 노력까지도 신뢰를 얻기 어려워지겠지요.

재사용, 재활용, 새활용, 다 같은 말 아냐?

자원순환과 관련해서 다양한 용어들이 있어요. 여러분은 그 용어를 정확히 알고 사용하고 있나요? 예를 들면 재사용, 재활용, 새활용 이라는 말들이 있는데요. 각각에 대해 정확히 알고 올바른 소비를 할 수 있어야겠죠?

1) 재사용과 빈용기보증금제도

재사용이란 단순히 물건을 다시 사용하는 것이에요. 세척 등의 간단한 방법으로 그 물건을 그대로 다시 사용하거나, 약간의 가공을 통해 사용 기간을 연장하는 것을 말해요. 예를 들어 초록색 소주병은 수거한 후 깨끗이 세척하고 고온 살균하여, 말끔하게 새 병처럼 다시 사용하게 됩니다. 내용물을 주입하고 이물질 여부를 확인하는 과정을 거치면, 다시 소주로 판매하게 되지요. 이처럼 재사용은 큰 에너지를 들이지 않고도 다시 사용할 수 있는 방법이에요. 그래서 가장 효과적인 순환 방법이라고 할 수 있지요. 그런데 빈 소주병은 어떻게 다시 공장으로 올 수 있었을까요?

정부는 소주병을 재사용하기 위해서 빈용기보증금제도를 실시하고 있어요. 즉 소주 1병 가격에 보증금 100원을 포함하는 것이죠. 그래서 소주병을 판매처에 다시 반납하면 보증금 100원은 돌려받을 수 있어요. 소주 1병이 2,000원이라고 한다면 100원은 5%에 달하는 꽤 큰 부분을 차지하기 때문에, 많은 사람이 소주병을 폐기하지 않고 모아다가 다시 보증금을 돌려받고 있답니다.

2022년을 기준으로 빈용기보증금제도를 통한 유리병 회수율은 96%에 달한다고 해요. 그중 소주병의 회수율은 매우 높은 편에 해당하죠. 이처럼 소주병을 잘 회수하고 재사용하기 위해서는 중요한 약속이 필요해요. 소주를 생산하는 모든 회사가 똑같이 생긴 병을 사용한다는 약속인데요. 그렇게 해야 수거와 세척, 재사용이 모두 쉬워지겠죠.

푸드 코트에서 모든 음식점이 똑같은 식판을 사용한다면 얼마나 편하겠어요? 퇴식구에 반납된 식판에 세척과 열탕 소독을 마친 후, 각 매장에서 필요한 만큼의 식판만 가져가면 될 테니까요. 하지만 그렇게 하기 어려운 이유는 한식, 양식, 중식, 분식 등 각 매장의 메뉴가 다르고, 그에 따라 다른 모양의 그릇을 사용해야 하기 때문이죠.

그런데 소주는 다른 모양의 병이 반드시 필요한 것이 아니에요. 맥주도 모든 회사가 갈색 병으로 통일해서 사용해도 무방하죠. 하지만 최근 일부 주류업체에서 초록색이 아닌 투명한 병에 소주를 판매하면서, 자동화된 표준 용기 시스템을 사용하지 못하는 병이 늘어나고 있어요. 공병 재사용 약속을 저버린 거죠. 환경부에 따르면 그처럼 투명한 비표준 용기 소주병의 회수율은 32% 정도밖에 되지 않는다고 해요. 표준 용기를 사용하는 일이 재사용에서 얼마나 중요한지 다시금 생각해 보게 되네요.

2) 새활용, 폐기물에 '가치'를 입히다

재활용은 앞에서 플라스틱을 공부하며 살펴보았듯이, 원래의 생김새와 상관없이 원료가 되는 소재로 재탄생하는 방법을 말합니다. 가령 플라스틱 폐기물을 쪼개서 원료로 다시 만드는 것이지요. 많은 경우 흰 종이나 종이 팩을 재생 용지나 휴지로 만들 때처럼, 원자재에 비해서 다소 질이 낮은 상태가 되기도 합니다.

그에 비해 새활용(업사이클링)은 제품을 재사용하거나 재활용한다는 점은 같지만, 품질이나 가치가 더 높아진 새로운 제품을 탄생시키는 것을 의미해요. 1994년 처음으로 '업사이클링(upcycling)'이라는 말을 한 독일의 라이너 필츠는 업사이클링에 대해 "폐기물에 전문가의 디자인을 더해 미적 가치를 담은 제품을 만드는 과정"이라고 표현하기도 했어요. 국내에는 2006년부터 업사이클링이라는 용어가 등장했고, 지금은 새활용이라는 우리말로 통용되고 있지요.

독일 기업인 '브레이스넷'은 폐기되는 어망을 이용해 팔찌를 만들어서 판매하는 새활용 업체예요. 팔찌 하나를 약 2만 5,000원에 판매하는데, 1개를 팔 때마다 6,500원 정도의 해양 보호 기금을 기부하고 있죠. 여러분이 소비자라면 어떨까요? 버려지는 어망을 새활용한 팔찌를 구매할 때는 단순히 팔찌가 예뻐서라기보다, 그 팔찌가 지닌 사회적 가치 때문인 경우가 많겠죠.

1993년부터 스위스의 '프라이탁'이라는 회사는 버려진 천막이나 트럭 방수포로 가방을 만들기 시작해서 새활용의 시대를 열었다는 평가를 받는답니다.

국내의 스타트업 중에는 폐우산이나 버려지는 현수막으로 지갑이나 가방을 생산하는 업체도 있어요. 또 폐자동차의 가죽시트로 가방을 만드는 업체나 소방관의 방화복을 새활용하는 업체까지 등장하는 등 최근에는 다양한 새활용 기업들이 나오고 있지요. 참고로 소방관의 방화복은 구조 현장에서의 사용 기간이 3년이기 때문에, 매년 70톤가량의 소방복이 버려진다고 하네요.

재사용이 아니라 재활용 방식을 통해서도 새활용은 가능해요. 우리나라의 대기업 중에도 의류 소재를 개발하는 업체가 바다의 폐플라스틱인 폐어망을 수거해서 나일론 소재를 개발하기도 했어요. 또 페트병에서 나오는 원사로 폴리에스터 섬유 제품을 만들어서 더 가치 있는 옷으로 판매하기도 하는데요. 우리나라에서 재활용되는 페트병이 바로 재활용할 수 있는 상태로 수거되지 않은 탓에 해외에서 수입하다가, 최근에는 제주도의 생수병 재활용을 통해 재료를 공급받을 수 있게 되었다고 해요. 그러나 재활용 공정이 여러 단계를 거쳐야 하기 때문에 그만큼 비용이 많이 들어간답니다. 그래서 상품의 가격 경쟁에서 살아남기 어렵다고 하죠. 대신에 새활용이 가치를 업그레이드하는 것인 만큼 상품에

'가치'를 입혀서 판매하다 보니 아주 잘 팔리는 제품이 되었다고 해요.

특히 최근에는 재활용의 필요성이 높아지면서 재활용 제품을 구매하려는 소비자가 늘어나고 있답니다. 그러다 보니 많은 석유 화학 기업들이 재활용 플라스틱을 활용해서 가치 있는 제품을 생산하기 위해 서로 경쟁하고 있다고 해요. 재활용 플라스틱이 새로운 상품으로 탄생하기 위해서는 그만큼 가치 있는 상품을 구매하는 소비자들이 있어야겠죠?

환경문제를 일으키는 기업이 환경적 책임을 다하지 않는다면, 소비자들은 어떤 일을 할 수 있을까요? 그 기업의 문제를 폭로 해서 상품을 보이콧(불매운동) 할 수 있겠지요. 또 사회적 책임을 다하는 기업의 상품을 선택하게 만들 수도 있어요. 그만큼 소비자들의 힘은 매우 크다고 할 수 있답니다. 특히 소비자들이 선호하는 '가치'는 사회에 큰 영향을 줄 수 있다는 점을 잊지 않기로 해요.

5. 대량생산과 대량소비의 저주

많이 만들고 많이 쓰는 게 과연 좋은 일일까?

일회용품 시대보다 먼저 시작된 대량생산의 시대. 1차 산업혁명이 18세기 영국에서 시작되었다면, 2차 산업혁명은 미국과 독일을 중심으로 시작되었어요. 1차 산업혁명은 가내 수공업이었던 섬유 방직 산업을, 증기기관이라는 기술과 석탄이라는 고열량 에너지원을 기반으로 한 대형 방직 산업으로 성장시켰죠. 2차 산업혁명기에는 내연기관의 발명과 석유, 전기를 기반으로 석유화학 및 자동차 산업이 확장할 수 있었답니다.

내연기관 하면 떠오르는 것이 바로 자동차인데요. 자동차를 생산하는 과정에 기계화와 분업화를 도입해서, 생산성을 상당히 개선하게 되었어요. 우리에게 익숙한 컨베이어벨트 방식, 즉 조립라인을 도입한 것도 대량생산을 가능하게 만든 이유 가운데 하나였죠.

자동차 회사를 만든 헨리 포드는 초기부터 자동차 생산 과정에 조립라인을 도입하였어요. 포드사가 도입했다고 해서 '포디즘'이라고 하는데, 대량생산과 컨베이어벨트 방식을 대표하는 말로 사용되기도 해요.

헨리 포드가 육류제품을 포장하는 곳을 방문했다가, 고깃덩어리를 옮겨주는 트롤리를 보고 그런 아이디어를 얻었다고 하는데요. 동력으로 움직이는 체인에 연결된 트롤리가 고깃덩어리를 단계별로 옮겨주는 장면을 본 것이죠. 노동자들이 움직일 필요 없이 고정된 위치에 가만있으면, 기계가 적당한 속도로 작업할 물품을 담당 노동자에게 옮겨주는 것이 바로 조립라인의 역할이었어요. 이 방식을 도입하니 노동자들의 불필요한 움직임이 줄어들어서, 생산 효율이 놀랍도록 올라갔답니다.

반면 분업화로 인해 단순한 일을 반복하게 되니, 높은 임금을 줘야 하는 숙련된 노동자들을 더 이상 고용할 필요가 없게 되었어요. 그래서 기업은 저임금 노동자를 고용하게 되었죠. 그러면서 초보자와 여성이 숙련된 노동자 자리를 대신할 수 있게 되었는데요. 이를 계기로 2차 세계대전을 전후로는 여성들이나 아이들조차 공장에서 일할 수 있게 되었답니다.

게다가 전기가 공급되면서 밤낮 없이 일할 수 있는 여건까지 만들어졌지요. 남성과 여성, 어른과 아이 할 것 없이 노동력을 제공할 수 있게 된 거예요. 그러다 보니 공장에서는 매일매일 말 그대로 대량의 제품들이 쏟아져 나왔답니다. 대량생산으로 제품이 쏟아져 나와도 소비자가 없으면 대량소비가 일어나지 않았겠죠. 하지만 더 많은 사람들이 공장에서 일하게 되면서 소득도 함께 늘어나게 되었어요. 그러니 소비도 덩달아 증가하게 되었고요.

그러나 경제학에서 말하듯 자원이 희소해지면, 가격이 오르고 소비도 자연히 줄어들게 마련이에요. 하지만 기업들은 희소해지는 자원을 피해 새로운 자원을 개발하였답니다. 나무와 철을 대신해 플라스틱이 쏟아져 나오면서, 계속해서 값싼 물건들이 대량으로 생산될 수 있었어요. 그러나 날이 갈수록 환경문제에 대한 인식이 높아지면서, 환경오염을 규제하는 조치가 강화되었지요. 그러다 보니 더는 환경오염을 도외시하는 '값싼 생산'이 어려워졌어요. 게다가 인권 의식이 높아지면서, 아동은 더 이상 값싼 노동력을 제공할 수 없게 되었답니다. 또 노동조합의 힘이 세지면서 노동자의 임금도 상승하게 되었고요.

그러자 대량으로 물건을 생산하는 공장들은 계속해서 더 많은 이윤을 남기고자 선진국을 떠나기 시작했어요. 그래서 향한 곳이 개발도상국이었죠. 개발도상국은 경제성장을 위해, 환경과 노동자를 희생하는 선택을 할 수밖에 없었답니다. 개발도상국의 환경은 금방 오염되기 시작했지만, 일자리를 제공하는 기업에 강력한 규제를 하기란 어려웠어요. 또한 값싼 노동자들은 착취 대상이 되었지요.

한국이나 중국 등 아시아 국가와 동유럽 및 중남미 국가의 저렴한 노동력 덕분에, 저렴한 상품의 대량생산은 계속 이어질 수 있었어요.

유럽과 북미 선진국들의 경제성장 과정에서 알 수 있듯이, 소비자 없이는 생산이 이루어질 수 없답니다. 그런데 가난한 국가에 일자리가 생기면서 새로운 소비자, 즉 새로운 시장도 함께 열린 셈이죠.

과거에는 선진국 사람들만 대량의 폐기물을 버렸다고 치면, 이제는 전 세계 사람들이 모두 선진국과 같은 삶을 원하면서 대량소비의 저주가 시작되었어요. 대량소비는 대량의 쓰레기를 낳기 마련이지요. 우리는 결국 매립과 소각의 늪을 지나, 재활용의 기술만 바라보는 시대를 직면하게 되었답니다.

옷도 인스턴트인 시대, 패스트 패션

포드사가 자동차에 컨베이어벨트를 도입했다면, 스페인 북부에 처음 문을 열었던 '자라'는 1985년 의류 산업의 포디즘 같은 변화를 가져왔다고 볼 수 있어요. 새로운 트렌드, 즉 유행에 대응하기 위해서 디자인, 제조, 유통을 한데 모으면서 생산 속도를 빠르게 구축했거든요. 쉽게 구입하고 쉽게 누릴 수 있는 패션이라는 의미에서 인스턴트 패션이라고도 불렀답니다.

요즘에는 패스트 패션이라는 이름으로 더 많이 부르는데요. 스페인의 자라와 더불어 일본의 유니클로, 스웨덴의 H&M이 패스트 패션의 대표적 리더라 볼 수 있어요. 유명 디자이너 의류를 싸게 구입할 수 있다고 해서, 많은 소비자가 그 회사들의 매장을 즐겨 찾지요.

그런데 이렇게 빠른 유행을 좇는 패션이 환경오염의 주요 원인이 된다는 지적이 많아지고 있어요. 그래서 그 기업들도 고민에 빠졌다고 해요. 기후변화로 인한 재난과 피해가 늘어가는 데다 코로나19를 겪으며 사람들이 옷을 덜 사면서 매출이 감소한 것인데요. 이제는 소비자들도 옷이 일으키는 환경문제를 인식하기 시작했고, 패스트 패션을 향한 부정적인 시각이 제기되면서 대량소비를 지양하기 시작했기 때문이에요.

패스트 패션의 원리는 경제의 효율성 및 규모화에 기반하고 있어요. 예전에는 다음의 과정을 통해 옷을 생산하고 소비했답니다. 우선 직물을 짜는 곳에서 천을 만들면, 염색 공정에서 천을 염색한 후 옷감을 판매해요. 그러면 디자이너는 자신이 제작한 디자인에 가장 적합한 옷감을 구입해서 수선을 맡기지요. 상품 견본을 만들고 나면, 다량으로 재료를 구매한 후 디자이너의 옷과 똑같은 제품을 생산하게 됩니다. 그렇게 탄생한 상품은 큰 시장의 도매상을 거쳐 각 지역의 소매상에게 판매되고, 마지막으로 소비자에게 도착한답니다.

그처럼 제조, 유통, 판매에 이르는 동안 상인들을 거칠 때마다 옷의 가격은 오르게 마련이에요. 또 같은 공장에서 생산된 옷이라도 동대문 시장으로 갈 수도 있고 백화점으로 갈 수도 있지 않겠어요? 그렇게 소비처가 다르게 정해지면 각기 다른 가격에 팔릴 수도 있었을 테고요.

하지만 근래 들어 섬유업체에서 직물을 공급받은 후 디자인, 유통, 판매를 모두 하나의 회사가 운영하는 구조가 탄생한 거예요. 앞에서 말했던 자라 같은 의류업체들이 그런 패스트 패션의 선구자들이고요. 소비자는 과거보다 훨씬 저렴하게 옷을 구매할 수 있게 되었지요. 그러다 보니 1벌만 사도 될 옷을 2벌, 3벌 사는 식으로 더 많은 소비를 하기 시작했답니다. 패스트 패션은 말 그대로 가격 저하를 통한 판매, 즉 박리다매의 대표 산업이 된 거예요.

'착한 가격' 뒤에 있는 보이지 않는 '못된 손'

언제부터인가 사람들은 가격이 싸면 '착한 가격'이라고 생각하게 되었어요. 그리고 저렴한 의류나 가방, 신발을 집 안 가득 쌓아놓고 사는 것이 나라 경제에 이바지하는 일이라고 생각하는 것 같아요. 소비는 미덕이라면서요.

하지만 우리가 착한 가격이라고 말하는 반대편에는 '보이지 않는

못된 손'이 작동하고 있답니다. 우리가 흔히 말하는 착한 가격이 방글라데시, 필리핀, 중국, 멕시코 등 값싼 임금을 받으며 착취되는 노동자들이 있기에 가능하다는 사실, 혹시 알고 있었나요? 몸에 해로운 각종 화학 물질이 가득한 공장에서 생산된 후 엄청난 탄소발자국을 내면서, 기후변화를 악화시키며 우리 숨통을 조여오는 대가였던 것이죠. 그처럼 노동자와 천연자원에 대한 충분한 가치와, 지구 환경을 지키기 위한 노력을 모두 빼버린 싼값이 과연 '착한' 가격이 될 수 있을까요?

안타깝게도 패스트 패션은 우리 일상에 이미 문화로 자리 잡은 듯해요. 천에 일부러 구멍을 내는 일은 있어도, 닳아서 구멍이 날 때까지 입는 옷은 거의 드물죠. 옷장 안에 옷이 가득해도 늘 마땅하게 입을 옷이 없다고 느끼지는 않나요? 트렌드를 따라가다 보니, 이미 유행 지난 옷이 가득한 옷장에는 입을 옷이 없다고 느껴지는 거예요. 유행은 특정한 생각이나 표현 방식, 제품 등이 그 사회에 문화적으로 확산해 나가는 상태를 의미해요. 패스트 패션은 그런 유행을 빠르게 바꾸는 데 적지 않은 영향을 끼치고 있고요.

패스트 패션 말고도, 경제적 여유가 만들어 낸 또 다른 문화가 있답니다. 직장에 출근할 때 전날 입었던 옷을 입고 가면, 마치 외박했다는 인상을 주는 것 같아서 남들 시선이 신경 쓰이기도 합니다. 그러니 매일 다른 옷으로 갈아입어야 할 것 같은 이상한 문화가 자리 잡은 것이지요. 그러다 보니 사람들은 계속해서 옷을 사게 되고요. 옷장이 아니라 옷방이 있는 가정도 많이 늘고 있어요.

그런데 패션리더인 영화배우들이 이런 문화를 바꿔보자고 나섰어요. 환경운동가로도 활약하고 있는 영화배우 제인 폰다는 우리나라 봉준호 감독의 영화 〈기생충〉이 아카데미상을 수상하던 날 특별한 관심을 받았죠. 2014년 프랑스 칸 영화제에서 입었던 붉은 드레스를 다시 입고 나왔기 때문인데요. 그처럼 큰 무대에서 유명 배우가 이전에 입었던 드레스를 다시 입었다는 것만으로도 커다란 화제가 될 만한 일이었죠.

영화 〈조커〉의 주연배우인 호아킨 피닉스도 지속 가능한 소재로 만들어진 턱시도를 5번의 시상식에 똑같이 입고 나와서 그 대열에 동참했어요. 그는 평소에도 환경운동과 동물 보호 운동을 하고 채식도 실천하고 있다고 합니다.

이 외에도 다수의 배우가 과거에 입었던 드레스를 다시 입고 나오거나, 친환경 소재로 만들어진 옷을 입거나, 과거 입었던 옷을 리폼해서 입는 등 옷이 만들어 내는 환경문제에 경종을 울리기 위해 많은 노력을 하고 있어요.

친환경 소재란 무엇일까요? 천연재료라면 다 친환경 소재일까요? 겨울에 입는 모피 코트나 밍크 목도리, 옷깃에 달린 퍼(털) 조각조차 결코 친환경 소재라고 하긴 어려워요. 과거 인류는 사냥하고 고기를 먹은 후, 그 가죽을 이용해 추위를 피하고 피부를 보호했어요. 현대인에게도 추위를 피하는 일은 중요해요. 하지만 옷에 들어가는 동물의 털을 어떻게 얻어 내는지, 또 얼마나 많이 사용하는지에 따라 환경운동가들의 비판을 피할 수 없게 되었답니다.

나일론이나 아크릴, 폴리에스터 같은 합성섬유는 썩지 않는 쓰레기 문제를 양산해요. 그래서 천연재료인 동물의 털이나 가죽은 환경에 문제가 없다고 생각하는 사람들이 있나 봐요. 하지만 동물 가죽 또한 환경을 오염시키면서 탄생하는 천연소재랍니다.

모든 생명체는 죽으면 바로 부패하기 시작해요. 동물 가죽 또한 살아 있는 유기체에서 나왔기 때문에, 부패를 피할 수 없어요. 그러니 포름알데히드나 크롬처럼 독한 화학 물질로 처리할 수밖에 없답니다. 가죽을 소독하고, 염색하고, 모양을 만들어 내는 과정에서 수질오염은 피할 수 없는 필수과정처럼 간주돼요. 게다가 자연 상태의 동물은 마구 잡는 것을 법으로 금지하기 때문에, 전체 모피의 80% 이상을 공장식 축산을 통해 공급하고 있답니다. 동물 학대 등의 또 다른 문제로 그 범위가 확대되는 이유이지요. 밍크 목도리의 주인공인 밍크는 자연 상태에서는 10년을 살지만, 옷감 소재로 자라는 데는 6개월밖에 걸리지 않는다고 해요. 또 동물을 그렇게 키우려면 그들의 먹이로 사라지는 닭과 어류도 상당해서, 또 다른 축산과 양식업에 많은 탄소발자국을 남기게 된답니다.

그렇다면 양모를 이용하는 데는 문제가 없을까요? 양의 털을 깎아서 만드니까 나쁜 재료는 아닐 거라고 생각하기 쉬워요. 하지만 다시 한번 곰곰이 생각해 봐요. 양털을 한 번에 많이 수확하기 위해서는 털이 많이 자라는 양을 선호하게 되겠지요? 그래서 사람들은 털을 많이 생산하는 품종으로 양을 개량했어요. 호주의 '메리노 울'이 바로 개량된 메리노 양에서 나오는 털인데요. 사람에게 더 많은 털을 공급하기 위해서, 양의 피부에 주름이 많이 잡히도록 개량한 것이랍니다. 피부 면적이 늘어나면 그만큼 털도 많아지게 될 테니까요. 털이 많다 보니 파리가 그 안에 알을 낳거나 세균이 퍼지는 경우도 많이 있다고 하는데요. 그래서 배설물이 잘 묻는 항문 주변의 살을 도려내는 등 끔찍한 시술도 버젓이 벌어진다고 해요. 더구나 동물의 고통은 그대로 방치하면서요.

우리 눈앞에서 벌어지는 일이 아니기 때문에, 우리가 사용하는 옷감이 어떻게 생산되는지 알기 어려워요. 하지만 조금만 눈을 돌려 보면, 한 걸음만 더 들어가서 생각해 보면 그처럼 좋은 옷들을 싸게 공급하는 데는 다 이유가 있음을 알 수 있어요. '어떻게 모피와 털이 한 번에 이처럼 많이 생산될 수 있을까?', '이렇게 싸게 팔 수 있는 이유는 뭐지?' 한 걸음 더 들어가서 생각해 보면, 천연소재라고 해서 무조건 좋다는 생각은 하지 않게 될 거예요.

'헌 옷을 위한 나라는 없다'

패스트 패션은 옷장 속의 옷뿐만 아니라, 옷장 밖의 옷에서도 문제를 일으켜요. 누군가가 다시 사용할 옷이라는 생각에, 헌 옷 수거함에 옷을 버리면서도 플라스틱 쓰레기를 버릴 때보다 죄책감을 덜 느끼지는 않았나요?

우리나라는 미국, 영국, 독일, 중국 다음으로 전 세계에서 5번째로 헌 옷을 많이 수출하는 나라예요. 매년 30만 톤이 넘는 옷을 인도, 캄보디아, 필리핀, 파키스탄과 같은 아시아 국가나 나이지리아, 케냐, 가나 같은 아프리카의 저소득 국가로 저렴하게 수출하고 있어요.

최근 환경부의 발표 자료를 보면, 우리 국민들이 버린 의류 쓰레기양이 2018년 6만 6,000톤에서 2020년에는 8만 2,000톤으로 24% 이상 증가했답니다. 여기에다 팔리지 않고 공장에서 버려지는 폐섬유류까지 더하면, 연간 37만 톤의 의류 쓰레기가 발생한다고 해요.

환경운동단체인 '더 올 파운데이션'의 대표는 저소득 국가로 수출하는 헌 옷의 40%가 사실은 쓰레기가 되어 그 지역의 환경을 오염시키고 있다고 비판했어요. 옷을 수입해 가는 지역들 대부분이 그처럼 많은 양의 쓰레기를 처리할 능력이 안 되거든요.

수거함에 들어오는 헌 옷에는 재사용하기 어려운 수준의 옷들도 적지 않아요. 그렇다 보니 활용되지 못하고 쓰레기로 전락하기도 하는데요. 우리는 의류 폐기물을 처리하면서, 버릴 법한 옷까지 헌 옷 수거함에 넣는 일은 없어야겠어요.

하지만 그보다 더 근본적인 문제는 대량생산 자체에 있어요. 소비자가 쓸 양보다 너무 많은 양의 옷이 생산되는 것이죠. 그렇다면 왜 우리는 이렇게 물건이 넘쳐나는데 대량생산을 계속하고 있는 것일까요? 경제학에서는 제품을 하나 생산하는 데 비용이 얼마나 들어가는지, 평균비용을 경제적 효율성의 기준으로 보는 경우가 많아요.

옷을 생산하는 데 필요한 설비를 갖춰야 하니, 옷을 전혀 생산하지 않더라도 처음에 공장을 짓고 기계를 들일 때부터 비용이 발생해요. 특히 대규모 생산을 해야 한다면 큰 공장에다 대규모 설비를 갖추어야 하지요. 이런 초기 고정비용이 사업에서 큰 부분을 차지합니다. 그리고 차츰 옷을 판매하면서 초기에 들어갔던 비용을 수익으로 메꾸게 되는 것이죠. 초기 고정비용에 비해서 옷 1장을 생산하는 비용은 적기 때문에, 생산 설비를 갖춘 다음부터는 옷을 많이 팔면 팔수록 남는 장사가 된답니다.

처음에 투자를 받거나 은행에서 돈을 빌려서 공장을 만들었다면, 그 돈을 다 갚을 수 있는 시점이 손익분기점이 됩니다. 그 지점을 지나면 이윤이 점점 늘어나죠. 즉 옷을 많이 생산해서 판매할수록 옷 1장당 들어가는 비용이 줄어든다는 의미랍니다. 우리가 통상적으로 '규모의 경제'라고도 부르는 현상이 대량생산의 비밀이었던 거예요.

최근에는 옷의 생산부터 폐기에 이르기까지 발생하는 환경오염에 대한 우려로, 의류업계에서도 옷을 순환자원으로 만들기 위해 노력하고 있어요. 순환자원이 되기 위한 3가지 방법이 있는데요, 첫째는 순환하는 자원으로 옷을 만드는 거예요. 즉 폐기되는 자원을 재활용해서 옷을 만들면 새로운 자원을 사용하지 않아도 되고, 폐기 과정에서 발생하는 오염을 한 번은 줄일 수 있답니다.

페트병에서 뽑은 원사로 합성섬유를 제조해 축구복 등의 다양한 옷을 만들었다는 광고를 본 적이 있을 거예요. 의류업계에서 생산하는 약 60%가 플라스틱 합성섬유로 만든 옷이기 때문에, 페트병을 재활용한 원단은 자원순환의 바람을 타고 많이 활성화되고 있는 편이에요. 하지만 한 번 섬유로 탄생한 플라스틱은 다시 재활용하기 어려워요. 게다가 세척 과정에서 미세하게 닳기 때문에, 바닷물 속 미세 플라스틱이 되는 경우가 많답니다. 그래서 합성섬유로 만든 옷이 가진 근본적인 문제를 해결하긴 어려워요.

두 번째 방법은 옷을 새활용하는 것이에요. 유행이 지난 옷을 고쳐서 리폼 의상으로 만들거나, 옷으로 가방을 만들기도 하죠. 의류 수선가게가 동네별로 다 있는데요. 작은 옷이나 큰 옷을 고쳐서 입는 것뿐만 아니라, 리폼을 해서 활용하는 것도 순환의 방법이랍니다.

세 번째도 옷의 수명을 늘리는 방법이긴 한데요, 다른 사람에게 옷을 물려주는 거예요. 아나바다(아껴 쓰고, 나눠 쓰고, 바꿔 쓰고, 다시 쓰고) 운동이 한창이었을 때, 마을마다 벼룩시장이 열리곤 했죠. 코로나19 이후로 그런 벼룩시장보다는 앱을 통해서, 동네에서 개인끼리 중고 옷을 팔거나 나누는 활동이 늘었어요. 먼 나라로 수출하는 것보다 우리 지역에서 옷을 순환할 수 있으니, 탄소발자국도 줄일 수 있겠죠. 특히 교복은 여러 벌 구매했다가 별로 입지도 않았는데 덩치가 커져서 못 입는 경우가 흔해요. 그럴 땐 '교복 은행'을 운영하거나 교복 물려주기 운동으로 자원순환에 참여할 수 있어요.

배달음식과 코로나19

코로나19는 우리 일상에 많은 변화를 가져다주었어요. 재택근무라든가 온라인 쇼핑, 화상회의, 마스크 대란 등 우리가 이전에 별로 겪어보지 못했던 생활의 변화를 가져왔지요. 해외에서는 대규모 격리 사태까지 발생했고요.

우리나라에서는 꽤 오랫동안 '사회적 거리두기'라는 이름으로 비대면이 일상화되었는데요. 그러면서 물건을 사고파는 일조차 과거와는 다른 방식으로 이루어졌지요. 국내 택배 물동량의 변화를 보면 2019년까지는 전년과 대비해 10%쯤 성장하였지만, 2020년에는

20% 이상의 성장률을 보였어요.

온라인 음식 배달도 월 판매액이 1조 원 정도의 규모에서 2020년 들어 지속적으로 증가하더니, 2021년에는 월평균 2조 원에 달하며 2배 규모로 증가하였지요. 음식 배달뿐만 아니라 온라인 식음료 판매 역시 2019년보다 1.5배가량 증가한 것으로 나타났어요. 이렇게 온라인 구매와 배달 음식을 이용하는 경우가 많아지면, 당연히 플라스틱 배달 용기도 늘어날 수밖에 없겠죠?

2020년 2월 한국소비자원은 3대 배달 앱의 배달 음식 10가지에 사용되는 플라스틱 용기를 조사해 발표했어요. 그 결과, 2인분의 메뉴 하나당 평균 9.7개의 플라스틱 용기가 사용되었다고 해요. 게다가 배달용으로 사용하는 플라스틱 용기 가운데 재활용할 수 있는 재질은 50%가 채 안 되다 보니 재활용도도 높지 않았고요. 하루에 1,000만 개의 플라스틱 음식 용기가 나오지만, 조사에서 나타난 것처럼 실제로 음식물 배달 용기에서 재활용할 수 있는 것은 겨우 9.7개 중 하나 정도에 불과해요.

그처럼 재활용이 어려운 이유는 단순 세척만으로는 음식물을 깨끗이 닦아낼 수 없다는 데 있어요. 매운 음식이나 기름기 있는 음식을 담았던 그릇은 그냥 헹궈 버리면 플라스틱이 오염되어서 재활용에 적합하지 않거든요. 또 재활용하기엔 별로 가치 없는 소재로 만들어져 있거나, 색이 들어가 있어서 재활용이 어려운 경우도 있고요.

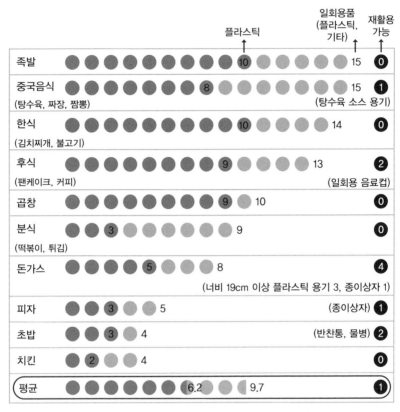

음식 종류별 폐기물 발생량(단위: 개, 2인세트 기준) 및 재활용 가능 자원 수
(출처: 클라이밋 타임즈)

재활용이 안 되고 폐기되는 배달 용기는 결국 소각되거나 매립되면서 각종 유해물질과 메탄, 이산화탄소와 같은 온실가스를 배출하게 돼요. 1인 가구가 지난 10년간 2배로 증가했고, 재택근무나 사회

적 거리두기가 어느 정도 자리 잡은 상황에서 음식 배달은 늘어날 것이 뻔해요. 어떻게 하면 이 문제를 해결할 수 있을까요?

다음 장은 답이 없을 것 같은 쓰레기 문제에 시민들이 어떻게 행동하면 좋을지 몇 가지 원칙에 대해 서술하고 있어요. 일회용품 쓰레기를 줄이기 위해 우리는 무엇을 하면 좋을지 함께 답을 찾아볼까요?

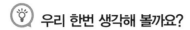 **우리 한번 생각해 볼까요?**

　1. 인간이 환경에 미치는 영향은 인구 규모와 기술의 발전, 국민 개개인의 풍요로움에 기반하고 있어요. 인구가 많더라도 아프리카의 국가들처럼 국민 각자가 남기는 탄소발자국이 적다면, 전체적인 환경에 대한 영향은 적을 수 있지요. 반면에 인구가 적더라도 기술과 산업이 발달해서 개인이 많은 에너지를 소모하고, 경제적 풍요로움으로 과다 소비를 하고, 쓰레기도 많이 배출한다면 어떨까요? 그런 선진국이 환경에 끼치는 영향은 인구에 비해 높게 나타날 수 있을 거예요. 그렇다 보니 경제성장과 소득 수준에 따라 탄소발자국이 달라지기도 해요.

− 우리보다 경제적으로는 잘살지만, 환경에 대한 국민의 영향이 적은 국가는 어디일까요?(탄소발자국으로 판단했을 때)

− 그 나라 국민이 우리보다 탄소발자국을 적게 만들 수 있는 이유는 무엇일까요?

− 환경에 대한 규제가 강력한 국가에서 탄소발자국이 적은 이유는 무엇일까요?

− 한 국가의 탄소발자국은 기업의 책임일까요, 소비자인 국민의 책임일까요? 국가의 역할은 무엇일까요?

2. 순환경제는 물질의 순환을 의미하는 자원순환 경제를 말하기도 하지만, 국가나 지역 안에서 화폐와 물질이 순환하는 것을 의미하기도 해요. 예를 들어 대형 슈퍼마켓이나 온라인 플랫폼 기업을 통해 물건을 구매하면, 우리가 지불한 돈은 우리 지역에 머무르지 않고 구매처의 본사가 있는 지역으로 흘러가겠지요. 그렇게 계속해서 돈이 빠져나가게 되면, 우리 지역 경제는 활성화되기 어려울 거예요. 그래서 이런 문제를 해결하기 위해서, 지역의 소득이 해당 지역에 머물도록 만드는 노력이 시도되고 있어요.

– 지역 경제를 유지하기 위해서는 무엇이 필요할까요?

– 인구 감소를 겪고 있는 농촌지역의 경제를 유지하기 위해서는 어떤 노력이 필요할까요?

– 지역화폐는 지역 경제를 살리는 데 어떻게 기여할 수 있고, 또 그 원리는 무엇일까요?

– 하지만 지역화폐가 만병통치약은 아니에요. 문제가 있다면 무엇이고, 어떻게 해결할 수 있을까요? 다양한 지역화폐의 유형을 찾아 보고 사례를 공유해 봅시다.

3. 기업이 친환경 광고를 하지만 실제로 친환경인 척하는 경우를 그린워싱(위장 환경주의)이라고 말해요.

– 앞에서 살펴본 사례 말고 그린워싱에 해당하는 경우로 어떤 것이 있을까요? 유형별로 사례를 이야기해 보아도 좋겠네요. 예를 들어 자연의 이미지를 남용하여 환경오염 유발 제품을 포장하는 경우가 있겠지요. 책임 전가의 유형도 있어요. 기후변화의 주된 오염원이면서 행동하는 개인을 더 강조하는 사례가 거기에 해당하지요. 그 외에도 침소봉대 유형으로, 작은 기술 발전을 과장해서 광고하는 사례가 있어요.

– 여러분이 발견한 사례는 어떤 유형에 해당하나요?

Part 3

우리는 자원순환을 어떻게 할까?

제4장

지구의 지속 가능한 순환을 위하여

1. 지구 순환을 돕는 소비자의 7대 행동 원칙

순환하는 지구를 위해 소비자가 실천해야 할 7가지 행동 원칙(7R)
이 있어요. 거절하기(Refuse)-줄이기(Reduce)-재사용하기(Reuse)-수
리하기(Repair)-새활용하기(Repurpose)-재활용하기(Recycle)-썩히기
(Rot)가 그것입니다. 거기다 에너지 회수하기(Recover)를 더하기도 하

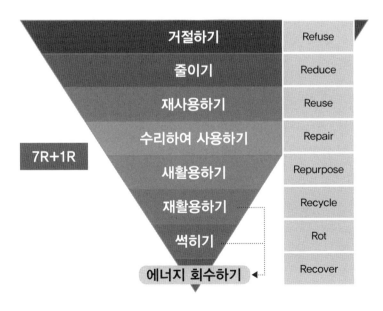

지구 순환을 위한 소비자의 7대 행동 원칙(7R)

는데요. 에너지 회수는 우리가 할 수 있는 범위를 넘어서는 일이긴 해요. 하지만 에너지 회수를 위한 분리배출은 우리가 할 수 있기 때문에, 이것까지 소비자의 행동에 포함해 보았어요. 지금부터 하나하나 살펴볼까요?

첫째, 거절하기

거절하기란 처음부터 이 물건이 필요한지 아닌지 생각해 보고, 꼭 필요하지 않다면 구매하지 않는 것이에요. 다른 이들이 베푸는 것을 예의 바르게 거절하는 행동도 포함해요. 인간은 동물 중에서 유일하게 필요 이상으로 음식을 섭취하거나, 물건을 소유하는 동물이라고 해요. 사자들도 배부르면 먹이가 있어도 잡아먹지 않는데, 인간은 꼭 필요하지 않은 것도 축적해 두는 특이한 습성이 있지요.

여러분은 길을 지나가다가 누군가가 공짜로 볼펜이나 물휴지를 나눠줄 때 어떻게 하나요? 학교나 종교단체 등의 행사에서 에코백이나 텀블러, 우산 등을 나눠주면 어떻게 했어요? 일단 공짜니까 받아 간다? 언젠가 필요할 테니 받아 간다? 필요한 가족에게 나눠주면 되니까 받아 간다? 결국 '받아 간다'는 '답정너'죠?

실제로도 받아 가는 사람들이 많을 거예요. 우리는 반드시 필요하지 않은 것도 공짜에는 마음이 흔들려요. 안 받으면 손해를 보는 듯한 느낌이 들거든요. 자기가 거절하면 그냥 버려질까 봐 받아 가는 사람도 있대요. 만일 그렇게 받아 가는 사람들이 모두 그 물건을 잘 사용한다면 그나마 다행이겠지요. 하지만 공짜로 얻게 된 물건은 대부분 소홀히 다뤄지는 것도 사실이에요. 가치 있는 물건으로 느껴지지 않기 때문이죠.

공짜가 아니어도 우리는 필요 이상으로 물건을 구매하는 경우가 종종 있어요. '1+1'이라는 홍보문구를 보면 괜히 사게 되잖아요. 하나 가격에 2개를 살 수 있으니, 마치 반값으로 물건을 사게 된 것 같은 효과를 본다고 생각해요. 물론 그 물건이 2개 필요한 소비자라면 그런 효과를 얻는 셈이 되겠지요. 하지만 하나가 필요한데 2개를 사게 된다면, 쓸데없이 물건만 하나 더 늘어날 뿐이에요.

저도 어느 여름철에 알로에 젤을 1통 사려고 하다가 1+1 제품을 사게 된 적이 있어요. 하지만 그해 여름이 다 지나도록, 1통도 제대로 쓰지 못하고 사용기한을 넘겨버렸답니다. 결국 다른 1통은 정작 필요한 사람이 쓰지도 못하고 버리게 된 셈이 되었어요. 우리는 이렇게 1+1, 2+1 상품을 구매하는 데 익숙해 있어요. 굳이 2, 3개가 필요한 것도 아닌데 말이죠.

그렇다면 기업은 왜 할인보다 묶음 판매를 선호하는 것일까요?

앞에서 대량생산을 하는 이유를 배웠는데요, 기업은 물건을 많이 판매할수록 초기 고정비용을 상쇄할 수 있어요. 예를 들어 2,000원짜리 음료 1병을 생산하는 데 800원이 든다고 칩시다. 여기에는 고정비용이 반 정도 차지하고 있어서, 실제로는 병과 음료수를 하나 추가할 때마다 400원이 더 든다고 가정해 볼게요. 기업이 2,000원에 음료수 2병을 묶음 판매하게 되면, 그중 1,200(800+400)원이 생산에 소요되니까 800원의 이윤이 남겠죠.

그런데 만일 2,000원짜리 음료를 반값으로 할인해서 1,000원에 판매한다면 어떤 일이 벌어질까요? 1,000원을 받았지만 800원의 원가가 들었기 때문에 200원의 이윤만 남게 되는 것이죠. 따라서 소비자는 2,000원에 2병을 사는 것과 1,000원에 1병을 사는 것에 차이를 못 느끼지만, 기업 입장에서는 음료수 2병에 800원이 남느냐 400원이 남느냐 하는 큰 차이가 발생하게 돼요. 그러니 기업은 더 많은 이윤을 남기기 위해서 1+1 제품처럼 묶음 행사를 한답니다.

둘째, 줄이기

줄이기란 소비를 줄이고 소유한 물건의 양을 줄임으로써, 쓰레기의 양까지 줄이는 것을 말해요. 할인 행사에 마음이 약해지는 소비자들이 많죠. 지금 사지 않으면 왠지 더 비싼 값에 물건을 사게 될 것 같은 불안감도 들고요. 진열된 상품을 보지 않았더라면 사지 않았을 물건인데, 남들이 사는 모습을 보거나 광고를 보거나 심지어는 즉흥적으로 판매원에게 이끌려 물건을 사기도 합니다.

견물생심이라고, 물건을 보면 사고 싶은 마음이 생겨나죠. 충분히 많은 연필과 노트, 그 밖의 필기도구를 갖고 있지만, 새로운 상품들이 나오면 왠지 사야 할 것 같은 마음이 들지는 않나요? 이미 신발과 가방을 충분하게 많이 갖고 있으면서도, 신제품이 구제품보다 훨씬 마음에 든다는 이유로 또 지갑을 열게 되지는 않던가요?

우리는 다양한 이유로 물건을 구매합니다. 패스트 패션처럼 유행을 따라가기 위해 구매하는 경우도 있고요, 비슷한 물건이 이미 있다는 것을 잊어버리고 또 사는 경우도 있어요. 물건을 자꾸만 구매하는 데는 그런 것 말고도 다양한 이유가 있을 거예요.

하지만 그처럼 습관적으로 물건을 구입하고 버리게 된다면, 우리는 결국 쓰레기 더미에서 살아갈 수밖에 없어요. 그래서 가능하면 유행을 덜 타고 오래 쓸 만한 물건을 고를 수 있는 안목이 중요해요. 또한 내게 정말 필요한 것인지 스스로 판단하고 소비하는 습관을 지니기 위해서는, 눈에 보이지 않는 물건을 만들어 내지 않는 일도 중요하겠죠. 반찬이 냉동실에 잔뜩 있는데, 똑같은 반찬을 만드는 경우가 있어요. 그 물건이 이미 내게 있다는 것을 인지하지 못하기 때문에 생기는 일이에요. 그러니 물건을 새로 사기 전에, 우선 내가 가진 물건 중에 같은 기능을 하는 물건은 없는지 떠올려 봐야 하겠죠.

사야 할 물건이라고 하더라도 즉흥적으로 구매하진 말아야 해요. 다른 물건들과 비교해 본 후 관심 제품으로 표시를 해 두고, 몇 차례 다시 방문해서 꼭 필요한 경우에만 구매해 보아요. 그러면 줄이기 행동에 도움이 될 거예요. 또 생활에서 불필요한 물건이 있다면 필요한 사람에게 나눠주거나 되팔아 보세요. 그런 식으로 제품이 고스란히 쓰레기가 되지 않도록 물건을 줄이는 습관을 들여야 해요. 그래야 우리가 실생활에서 줄이기를 실천할 수 있게 될 테니까요.

셋째, 재사용하기

물건을 재사용하는 방법에는 여러 가지가 있어요. 먼저 우리에게 익숙한 아나바다 운동이 있고요. 벼룩시장이나 '○○마켓'을 이용해서 물건을 판매하거나 나누어 쓰는 경우도 마찬가지인데요. 수명은 충분하지만 더는 내게 필요 없는 물건이 되었을 때 우리는 그런 선택을 해요. 누군가는 그 물건을 유용하게 사용할 수 있기 때문이죠.

그 또한 자원을 아낄 수 있는 방법이자, 물건의 수명을 연장하는 방법이에요.

또 다른 재사용 방법은 제품을 생산한 기업이나 소매업체에서, 불량품이나 반품된 물건을 고쳐서 되파는 것이에요. 여러분도 '리퍼제품'이 판매되는 것을 본 적이 있을 거예요. 노트북 등 디지털 제품이 그렇고요, 가전제품, 가구나 운동기구 등 제법 값나가는 제품 가운데 그런 물건이 많아요. 기능에는 아무 문제가 없지만 겉보기가 조금 안 좋다거나 약간의 불량이 있어서, 수리를 한 후에 새로운 제품으로 판매하는 경우지요. 이 외에도 물건의 원래 용도로 다시 사용하는 경우가 모두 재사용에 들어가요.

예를 들어 소주병이나 맥주병이 세척과 살균 후에 다시 소주와 맥주를 담는 병으로 활용되는 것도 모두 재사용이고요. 독일처럼 다회용 플라스틱에 음료를 판매한 후, 그 용기를 수거해서 세척과 살균을 거쳐 음료를 담아 새로 판매하는 것도 재사용이에요. 우리가 다회용기를 사용해서 식사한 후 식기를 반납하는 경우 또한 일회용이 아니니 재사용이지요. 그러고 보니 다회용은 재사용과 비슷한 의미이고, 많이 반복하면 할수록 자원을 절약하는 방법이네요.

넷째, 수리하여 사용하기

앞에서 설명한 리퍼 제품은 생산자들이 반품된 상품을 고쳐서 새로운 상품으로 판매하는 경우예요. 하지만 소비자로서 우리가 할 수 있는 일도 있답니다. 물건이 고장 났을 때 버리지 않고 고쳐서 사용하는 것이지요. 그 또한 제품의 수명을 늘리는 방법이에요.

개중에는 큰 고장이 아닌 경우도 있고, 부품을 완전히 바꿔야 하는 경우도 있을 거예요. 우리가 가장 흔하게 접하는 것은 자동차 수리일 텐데요. 워낙 고가의 제품이다 보니, 큰 고장이 아니라면 자동차를 폐기하는 대신 고쳐서 사용하지요. 대부분 고가의 전자제품도 고장이 나면 수리를 해서 사용해요.

예전에는 전파사에서 물건을 수리해 주기도 했지만, 요즘은 전파사를 찾아보기 어렵답니다. 대신 전자제품을 파는 대기업이 수리 센터를 운영하고 있어요. '○○ 서비스 센터', '○○ 고객 센터'라는 말을 들어봤지요? 그렇게 수리를 맡겨서 고쳐 온 제품은 오래 사용할 수 있어요. 중소기업 제품들도 서비스 센터가 있어서 수리를 해주고 있답니다. 그러니 물건을 구매할 때 함께 온 안내문이나 매뉴얼은 버리지 말고 잘 보관해야겠죠?

전자제품 말고도, 옷을 수리하거나 리폼 해서 오래 입는 경우도 있어요. 옷값이 많이 싸졌다는 이유로, 조금이라도 손상되면 그냥 버리는 경우가 많은데요. 저는 셔츠 깃 부분이 닳아서 못 입게 되는 옷이 생기면, 수선가게에 맡겨요. 그러면 가게에서 깃 부분을 뒤집어서 수선해 주는데요. 옷을 더 오래 입을 수 있는 방법이라, 저는 생활에서 그렇게 실천하고 있답니다.

예전에는 솜틀집이 있었어요. 솜틀집에서 이불 속의 목화솜을 주기적으로 청소하고 말려서, 새것 같은 솜이불로 만들기도 했지요. 합성섬유로 만든 솜보다 훨씬 따뜻하고 환경에도 좋은 솜이었어요.

고가 제품만 수리해서 사용한다고 생각하진 말자고요. 고가 제품이 아니더라도 우리가 물건을 손수 고쳐서 사용할 수 있다면, 자원 절약은 물론 언젠간 수리 '덕후'가 될 날도 오지 않을까요?

다섯째, 새활용하기

원래의 용도와 다르게 활용되는 제품도 많이 있어요. 옷으로 가방을 만들기도 하는 등 또 다른 용도로 쓰이거나 완전히 새로운 상품으로 변모하는 경우를 종종 만나게 되죠. 가치를 더하는 새활용은 재사용과 재활용 방식 모두에 적용할 수 있는 말이에요. 창의적인 재사용을 의미하는 말로 여겨지기도 하고, 재활용되더라도 품질과 가치가 더 높은 제품으로 탄생하면 사용할 수 있는 용어랍니다.

폐현수막으로 가방을 만들어서 현수막보다 훨씬 가치 있는 용도로 사용하는 활동이 대표적이라고 말씀드렸죠. 폐차 처리 과정에서 버려지는 자동차 시트를 이용해 지갑과 가방을 만들기도 하고, 산업 쓰레기로 소각될 위기에 놓인 양말목을 이용해, 냄비 받침을 만들거나 방석 공예를 하기도 합니다. 어떤 기업에서는 식품 부산물인 콩비지와 조각 쌀을 이용해 과자를 만들기도 했어요. 또 식혜와 맥주를 만들고 버려지는 식혜박과 맥주박으로, 밀가루를 대체하는 재료를 만들어서 신제품을 출시하기도 하였답니다.

새활용은 물질에 가치를 더한다는 의미만 있는 게 아니에요. 그런 활동을 통해 새로운 일자리를 창출하고, 새로운 사업이 시작되는 경우도 많답니다. 그래서 사회적으로는 물건의 수명을 늘리는 것보다, 더 많은 가능성을 만들어 낸다는 평가를 받기도 해요.

네덜란드의 한 업체는 커피 찌꺼기로 느타리버섯을 키워서 버섯 과자를 만들기도 했죠. 쓰레기에 스토리텔링을 더해서 상품의 가치를 높일 뿐만 아니라, 일자리와 비즈니스 창출이라는 사회적 가치를 더한 경우예요. 폐기되는 청바지 조각으로 가방을 제작하는 사회적 기업가는, 그러한 활동을 통해 친환경적이고 착한 소비 문화를 정착시키는 일이 더 중요하다고 이야기해요. 기업이 물건을 파는 일에만 급급해하지 않고, 환경과 사회에 기여할 수 있는 소비 문화를 더 중요하게 생각한다고 하니, 소비자 역시 그러한 기업들을 더 소중하게 여겨야겠죠.

여섯째, 재활용하기

재활용은 재사용이나 새활용이 어려운 물질을 원료로 제작하여 사용하는 방법이에요. 플라스틱뿐만 아니라 수많은 재료가 재활용되고 있지요. 앞에서 물질의 특성을 바탕으로 재활용에 관하여 상세하게 이야기했으니, 하나만 다시 한번 강조할게요. 재활용되는 물질과 열에너지만 회수하는 자원이 서로 구분되어야 한다는 것이에요. 그러니 분리배출은 재활용의 첫걸음이 되겠죠?

1단계는 재활용이 가능한 물질인지 확인이 필요하고요. 나머지 재활용이 어려운 물질들은 모두 종량제봉투에 담아서 버려야 해요. 여러분 생각에는 분리배출을 많이 할수록 도움이 될 것 같지요? 하지만 제대로 하지 않는다면 아무 소용이 없답니다. 그럴 땐 오히려 분리배출을 많이 하면 할수록 재활용 선별장의 쓰레기만 더 많이 만드는 꼴이 되기도 하거든요.

2단계는 할 수 있는 만큼 제대로 분리배출하는 것이에요. 즉 헌 옷이나 형광등, 건전지, 유리, 철, 알루미늄 등 기본적으로 재활용 수거함이 있는 것은 별도로 구분하고요, 나머지는 투명 페트병과 일반 플라스틱, 비닐을 구분해야 해요. 종이도 우유 팩처럼 겉과 속이 모두 코팅이 된 경우에 별도로 모아야만 재활용이 된답니다. 그렇게 해서 주민센터에서 휴지나 종량제봉투 등 보상을 받아올 수 있으면 재활용률도 높이고, 우리도 꼭 필요한 물품을 얻을 수 있으니 일석이조 아니겠어요?

나머지 종이 역시 재활용을 잘하기 위해서는 상자인지, 신문지인지, 인쇄용지인지, 종이 팩인지 다 구분해야 합니다. 그러나 우리가 그렇게 세분하기란 쉽지 않죠. 그래서 종이상자, 종이 팩, 나머지 폐지로만 구분한답니다. 특히 음식물이 묻어 있거나 유화 등 그림이 있는 종이라면 재활용이 어려우니, 종량제봉투에 담아 버려야 합니다. 코팅지 역시 재활용에 방해가 되니 섞어서 버리는 일은 없어야겠죠.

플라스틱에서 PVC 종류는 재활용할 수 없는 플라스틱이라는 점 잊지 않았겠죠? 그것 말고도 스티로폼, 즉 폴리스타이렌 종류처럼 보이지만 다른 재질로 만든 것들도 많은데요. 마을마다, 아파트 단지마다 재활용업체에 따라 조금씩 다를 수 있어요. 그러니 우리 단지에서는 어떻게 구분해서 모아야 하는지 자세한 안내를 듣고 처리하는 것이 가장 좋겠지요?

일곱째, 썩히기

재활용까지 다 했는데도 남는 쓰레기는 결국 매립할 수밖에 없어요. 매립은 썩히는 과정의 하나인데요. 땅에 묻지 않고도 썩히는 방법에는 퇴비화와 바이오가스를 활용하는 방법이 있어요. 매립하는 과정에서도 바이오가스가 나온다고 말했었죠? 썩는 과정, 즉 부패하여 분해되는 과정에서 발생하는 고체상의 물질뿐만 아니라, 그 과정에서 발생하는 바이오가스를 그대로 배출하지 않도록 활용하는 것 또한 자원화 과정이에요.

과거에는 도시와 농촌의 구분이 뚜렷하지 않았고, 도시가 농촌에서 멀지도 않았어요. 그래서 도시에서 폐기되는 유기성 쓰레기를 농촌에서 퇴비로 활용하기가 어렵지 않았답니다. 하지만 현대 사회가 되면서 도시의 인구가 늘어나고 도시 규모도 커지다 보니, 농촌과의 거리가 많이 멀어지게 되었죠.

도시에서는 유기성 쓰레기가 만들어 내는 악취나 위생상의 문제를 해결하기 위해, 정화조나 하수 관리 기술이 발전하였어요. 그렇다 보니 도시에서 방치되는 유기성 폐기물은 거의 없답니다. 농촌에서도 악취의 원인이 되는, 축산시설에서 배출하는 유기성 배설물을 그대로 썩힐 수는 없어요. 반드시 별도의 처리시설을 갖추어야 하지요. 그러나 지구의 순환적 관점에서 볼 때, 유기성 쓰레기는 영양의 순환을 위해 토양으로 돌아가야 하는 것이 원칙이겠죠.

해외에서는 주택에 거주하는 사람들이 마당 한쪽에 컴포스터(퇴비 제조기)를 두기도 해요. 낙엽이나 잔가지 등을 음식물 쓰레기와 섞어서 자연스럽게 부패하게 만든 후, 다음 해에 정원에 뿌리는 거예요. 우리나라에서도 주택에 산다면 마당에 음식물을 부엽토와 섞어 놓고, 시간이 흐르면 좋은 천연 비료, 즉 퇴비를 얻을 수 있어요. 지렁이를 이용해서 음식물 쓰레기를 분해하는 방법도 있고요.

지렁이에게 음식물 쓰레기(조리 과정에서 나온 찌꺼기)를 주면 지렁이의 소화기관을 거친 후 흙과 비슷한 배설물이 나와요. 지렁이 분변토인데요, 이 흙은 부식된 퇴비와 유사해서 밭에 양분으로도 사용할 수 있어요. 도시에서도 지렁이 집을 만들어, 충분히 지렁이 분변토를 만들 수 있답니다.

음식물의 빠른 분해를 돕는 기계 장치들도 있어요. 하지만 문제는 많은 사람들이 시멘트로 만든 아파트에 갇혀 산다는 것이죠. 냄새가 나기 쉬운 퇴비를 만들 만한 공간도 부족하고, 퇴비를 사용할 밭도 없어요. 그럼 우리는 어떻게 해야 할까요?

음식물 쓰레기를 안 버리는 것이 최선의 방법일 테지요. 하지만 조리 과정에서 음식물 쓰레기를 만들지 않으려면, 결국 이미 조리가 완성된 음식을 사야 하잖아요? 그러면 포장 용기 때문에 플라스틱 쓰레기가 더 발생할 수 있겠죠. 그러니 세상에 공짜는 없나 봐요. 우리가 도시에서 실천할 수 있는 최선의 방법은, 공공시설을 통해 음식물 쓰레기가 재활용될 수 있도록 돕는 일이에요.

우리나라에서 배출되는 음식물 쓰레기는 하루 2만 톤이 넘어요. 올림픽 수영장 8개를 가득 채울 수 있는 양이죠. 그중 25%는 우리 식탁에 올라오지도 못한 채 식품 제조 과정에서 발생하고 있어요. 가공을 많이 하면 할수록 제조하는 생산 시설에서 배출되는 유기성 쓰레기는 늘어나겠죠. 식품의 제조와 유통 단계 및 음식점과 가정에서 배출되는 음식물 쓰레기 가운데 90%를 재활용한다고는 해요. 하지만 80~90%가 수분이기 때문에, 고형으로 재활용하는 양은 상대적으로 적다고 볼 수 있어요.

다량으로 발생하는 하수 처리장의 찌꺼기나 음식물 쓰레기는 오랜 시간 놔두면 안 되기 때문에, 혐기성 미생물을 통해 빠르게 분해를 시킨답니다. 그 과정에서 바이오가스가 발생하고요. 우리 입장에서는 냄새나는 음식물 쓰레기도 말끔히 처리해 주고, 에너지까지 만들어 주니 착한 재활용이라고 생각할 수 있겠지요.

하지만 유기물 쓰레기가 적절하게 퇴비가 되어 흙으로 돌아가지 않는다면 어떻게 될까요? 토양은 부족한 영양분을, 화석연료로 만든 화학비료에 의존하게 될 거예요. 화학비료는 땅에 있는 건강한 미생물을 죽이기 때문에, 지표면이 침식되는 등 손실이 발생할 수밖에 없답니다. 되도록 음식물 쓰레기를 줄여야 하고, 굳이 배출해야 한다면 물질 순환이 가장 잘되는 방법을 선택해야겠어요.

여덟째, 에너지 회수하기

음식물 쓰레기처럼 유기성 폐기물을 썩히는 과정에서 발생하는 바이오가스를 에너지원으로 사용하는 경우가 있는데요. 그럴 때 폐기물에서 자원을 회수한다고 표현해요. 식품 제조 시설이나 대규모 음식점, 단체 급식소처럼 음식물 쓰레기가 계속해서 많이 발생하는 경우, 공공기관이 아니어도 바이오가스를 만들어서 에너지원으로 사용할 수 있어요.

실제로 우리나라에는 바이오가스인 바이오 메탄을 통해 수소를 생산하겠다는 식품업체도 있고, 플라스틱을 열분해해서 열분해유를 만들 수 있는 기술도 있답니다. 폐비닐로 폐플라스틱 펠릿을 만들어 고형폐기물 연료로 사용하는 방법도 앞에서 소개했지요.

하지만 에너지 회수라는 부분은 우리가 직접 행동으로 옮기기 어렵기 때문에, 7가지 행동 원칙에 넣지는 않아도 될 것 같아요. 에너지로 자원을 회수하는 방법은 최후의 일임을 잊지 말자고요.

2. 미니멀리즘

나도 미니멀리스트처럼

1) 미니멀리스트 이야기

언젠가부터 방송에 나오는 사람들이 "저는 미니멀리스트예요"라고 고백하거나, 반대로 "저는 맥시멀리스트입니다"라고 너스레를 떠는 모습을 보게 됩니다. 《미니멀리스트》라는 책을 출간한 조슈아 밀번과 라이언 니커디머스는 어려서 청소년기를 함께 보낸 친구 사이예요. 그 둘은 어려서 부모의 이혼이나 가난, 가정폭력을 겪었다고 해요. 하지만 힘든 상황에서도 성공하기 위해 열심히 노력한 결과, 행복한 가정도 꾸리고 일찍이 직장에서도 높은 자리에 올랐다고 합니다.

그런데 어느 날 조슈아의 어머니가 돌아가시게 됩니다. 조슈아는 유품을 정리하기 위해 어머니 댁을 방문하지요. 조슈아는 어머니를 사랑하는 마음에 어머니가 소중하게 여겼던 모든 물건을 간직해야겠다고 마음을 먹어요. 어머니의 유품을 모두 자신의 거처로 옮기려다 보니, 커다란 짐차가 필요할 정도였답니다.

짐차에 실을 유품을 정리하다가, 어머니가 침대 밑에 두고 수년간 들여다보지 않은 채 간직해 온 상자들을 열어보게 되었는데요. 그 상자에는 조슈아가 어렸을 때 그림을 그린 스케치북이나 공책, 시험지 같은 것들이 들어 있었다고 해요. 조슈아는 그것을 하나하나 보다가 깨달았대요. 어머니는 그 상자들을 오랫동안 열어보지 않았지만, 조슈아와의 추억과 기억을 소중히 간직하면서 살아오셨다는 것을요.

조슈아는 그처럼 물건이 없어도 소중한 기억은 우리에게 남는다는 사실을 깨달았어요. 그래서 어머니를 기억하기 위해 옮겨 담았던 물건들을 어머니의 이웃과 지인, 그리고 필요한 곳에 기증하기로 했답니다. 그리고 자기는 어머니의 소중한 기억들만 간직하기로 했다고 해요. 그 과정에서 물건이 자신을 대신하지 않는다는 사실에 확신을 가지게 되었다지요. 그리고 우리가 살면서 정말 중요하게 여기는 것이 무엇인가에 대해 곰곰이 생각해 보다가, 결국엔 미니멀리스트가 되기로 마음먹었다고 합니다.

미니멀리스트는 미니멀리즘을 실천하는 사람을 말해요. 조슈아는 "미니멀리즘이란 소중한 것에 집중하는 힘, 불필요한 것들을 제거하는 도구, 쓸데없는 것들에 나를 빼앗기지 않을 자유, 내 삶을 만족으로 채우는 행복"이라고 표현하는데요. 추억은 물건이 아닌 우리 내면에 있으며, 정신적·정서적으로 우리를 억압하는 물질에 대한 집착을 놓아버려야 우리가 자유로워질 수 있다는 점을 깨달은 것이죠. 가족이나 친지와의 관계가 멀어질수록 물건에 대한 집착이 커지는 것은 아닌지, 혹은 반대로 내가 진정으로 소중하게 여기는 것을 물건이나 돈과 같은 물질이 가리고 있는 것은 아닌지 고민해 보는 시간이 되었다고 해요.

조슈아는 집에 돌아온 후에도 자신의 삶에서 중요하지 않은 것들을 하나씩 없애기 시작했다고 합니다. 1년간 조금씩 정리를 하면서 꼭 필요한 것들만 남기며 단출한 삶을 사는 사람, 즉 미니멀리스트가 되기로 했지요.

우리는 가끔 텔레비전에서 미니멀리스트가 되기 위해 가지고 있던 물건을 버리거나 정리하는 사람들을 보곤 하는데요. 미니멀리즘은 가진 것을 버린다는 의미가 아니라, 오히려 우리 삶에서 정말 중요한 것이 무엇인가를 찾아가는 여정을 의미한다고 볼 수 있어요.

조슈아의 친구 라이언은 조슈아보다 나중에 미니멀리스트가 되었는데요. 라이언은 집 안의 모든 물건을 상자에 차곡차곡 넣은 후, 생활에서 꼭 필요한 물건을 도로 꺼내 쓰는 방식으로 정리를 하였다고 해요. 그러다 보니 꼭 필요한 물건은 사실상 상자 1, 2개밖에 되지 않는다는 것을 깨달았다죠. 꼭 필요한 물건을 제외한 후 잡동사니를 정리하고, 그 빈 부분에 나를 중심으로 하는 소중한 관계나 나를 진정으로 행복하게 해주는 것들로 채워 나가는 삶이 시작된 거예요. 여러분에게 정말 소중한 것은 무엇인가요?

2) 소중한 것을 찾아가는 방법

미국의 한 교수님이 대학 강의실에서 이런 실험을 했답니다. 손에 쥘 수 있는 정도의 조약돌을 커다랗고 투명한 병 입구까지 채워 넣은 후, 학생들에게 이렇게 질문했어요. "병이 다 찼나요?" 병이 조약돌로 가득 찬 것처럼 보였기 때문에, 학생들은 병이 가득 찼다고 대답했지요.

교수님은 다시 병 속으로 아까보다 작은 자갈들을 넣어서, 조약돌 사이에 자갈돌이 들어갈 수 있는 것을 보여주었어요. 그리고 이번에도 같은 질문을 했죠. "병이 다 찼나요?" 조약돌 사이로 자갈들이 들어가서 틈을 메꾸었으니, 아까보다 더 가득 차 보였겠죠. 학생들은 대부분 그렇다고 대답을 합니다.

이번에 교수님은 그 병 속에 모래를 붓습니다. 가득 차 보였는데도 꽤 많은 양의 모래가 흘러 들어갑니다. 이번에도 교수님은 학생들에게 질문합니다. "병이 다 찼나요?" 이번엔 정말 가득 찼다고 생각한 학생들이 모두 고개를 끄덕입니다.

그러나 교수님은 물을 부어서 병을 채우기 시작합니다. 모래 사이로 물이 스며듭니다. 학생들은 그제야 아직도 병에 틈이 있었다는 것을 깨닫습니다. 실험을 마친 후 교수님은 학생들에게 말했답니다. 이 병이 우리 자신이며, 조약돌은 우리가 가장 소중하게 생각하는 사람, 가족이라고요. 그리고 그보다 작은 자갈은 친구와 동료라고 말하죠. 모래는 직업이나 학업, 물은 각종 잡다한 일들이라고 말합니다. 만일 우리가 물이나 모래, 즉 잡다한 일이나 업무로 자신을 먼저 채워버린다면 어떻게 될까요? 우리 안에는 조약돌이나 자갈돌처럼 소중한 가족이나 친지, 친구 들과의 관계가 자리 잡을 만한 틈이 없어지겠죠.

이 실험과 마찬가지로 아마 조슈아와 라이언도 우리에게 진정으로 소중한 것이 무엇인가를 말하려던 것은 아니었을까요. 미니멀리즘, 미니멀 라이프는 우리가 자신의 삶을 살아가는 방식이에요. 단순히 물건을 적게 소비하는 것이 아니라, 더 소중한 것을 찾아가는 여정이라는 사실을 마음에 새겨두길 바라요. 그렇다면 우리는 어떻게 미니멀리스트처럼 살아갈 수 있을까요?

더하기는 이제 그만! 현명하게 빼자고요

우리 일상에서 마음을 혼란스럽게 하는 물건을 먼저 정리하는 것도 좋은 방법이에요. 그럼 어떻게 정리할 수 있을까요? 가끔 텔레비전을 보면 '정리의 달인'이 나오기도 하는데요, 곤도 마리에도 그중 한 사람이에요. 곤도는 물건을 꼭 안았을 때 설레는 마음이 들면 보관하고, 그렇지 않으면 이별을 고하라고 말해요. 그런 방법으로 그것이 나에게 꼭 필요한 물건인지 아닌지를 알 수 있다는 거예요. 실제로 그 방법을 써본 사람들은 대체로 효과적이라고 말하더라고요. 또 라이언이 했던 것처럼 상자에 물건들을 넣고 필요한 물건인지 아닌지를 판단하는 방법도 유용할 것 같아요.

덧붙여 몇 가지 다른 방법을 알려드릴게요. 물건을 용도별로 모아 보세요. 예를 들어 집게 핀이 여러 개 있다면 그중 마음에 드는 것 1, 2개만 남기고 나머지는 정리하는 거예요. 필기도구나 노트도 한번 모아보세요. 여러분도 필기도구를 꽤 많이 갖고 있지요? 볼펜이나 샤프, 사인펜, 네임펜, 유성펜, 색연필, 형광펜 등 많은 필기도구를 찾아서 한번 써보세요. 그래서 망가진 것들은 정리해 폐기하고, 비슷한데 여러 개인 펜들은 친구들과 교환하거나 나눔을 해 보는 거예요.

혹은 내가 자주 사용하지 않는 볼펜이지만 필요한 곳이 있다면,

그곳에 가져다 두어서 여러 사람들이 편리하게 이용하게 할 수도 있어요. 그리고 다음에 문구점을 들르면 '필요하지 않아서 그 친구에게 줬었지'라고 생각하면서, 더 이상 불필요한 물건은 구입하지 않으려고 마음먹는 거예요. 게다가 불필요한 물건이라고 생각하면 필기구 판매구역을 빠르게 지나칠 수 있으니, 쇼핑하는 시간도 훨씬 줄어들게 되겠지요?

평소에 물건을 여러 곳에 나눠서 보관하면, 물건을 확인할 수 없어서 더 구매하는 경우가 생기곤 해요. 가끔 엄마나 할머니를 보면 냉동실에 넣어둔 음식 재료를 기억해 내지 못해 다시 재료를 구매할 때가 있잖아요. 반찬을 만들어 놓고도 또다시 똑같은 반찬을 만드는 일도 있고요. 그러니 가능하면 물건은 보이는 곳에 모아두거나 목록을 작성해 두는 것이 좋아요. 냉장고에 있는 물건의 목록을 만들어 두거나, 식료품장의 재료들을 눈에 잘 띄게 배치해 두면 도움이 되겠지요.

옷을 모아서 잘 걸어두면 한눈에 보이기 때문에, 찾는 데 시간을 줄일 수 있어요. 또 이미 비슷한 옷이 있다는 것이 생각나서 다시 옷을 사지 않게 되니, 구매 습관도 개선할 수 있고요. 예를 들어 겨울 신상품이 나왔다고 해도, 옷장에 겨울 점퍼가 보이면 비슷한 제품을 또다시 구매하는 일은 없겠지요. 하지만 겨울옷을 상자에 보관해 놓아서 잘 보이지 않으면, 신상품에 눈이 더 가게 될 거예요.

용도가 같은 물건을 한군데로 잘 보이게 정리하면, 유사한 제품이 얼마나 많이 있는지 확인할 수 있어요. 제 경험담을 말해 볼까요? 저는 텀블러가 너무 많아서, 다회용기를 수집하는 행사에 여러 개를 기부한 적이 있어요. 가족들 숫자에 맞춰서 뜨거운 음료를 담을 수 있는 텀블러 하나씩을 남기고, 학교 급식에 사용할 물병을 제외한 후 나머지는 모두 기부하였지요. 그리고 지금도 누군가가 텀블러를 공짜로 나눠주면 정중하게 거절한답니다.

텀블러 하나를 생산, 유통, 사용, 폐기하는 과정까지 전 생애에 걸쳐 배출되는 온실가스의 양이 대략 1.78kg~3.7kg이라고 해요.[1] 일회용 플라스틱 컵의 전 생애주기 온실가스 배출량은 52g, 종이컵은 28g이고요.[2] 우리가 텀블러를 사용하는 제일 중요한 이유는, 일회용품을 덜 써서 온실가스와 쓰레기를 줄이는 데 있잖아요? 그런데 일회용 플라스틱 컵보다 훨씬 많은 텀블러를 사용한다면, 그 또한 반환경적인 행동이 되겠지요.

---

1 3종류의 텀블러나 재사용 물병에 대한 탄소발자국 계산.(https://24bottlessupport.zendesk.com/hc/en-gb/articles/360019427497-WHAT-IS-OUR-CARBON-FOOTPRINT-AND-HOW-IS-IT-CALCULATED-)

2 기후변화행동연구소(2023). 전 생애주기에 걸친 환경적 영향을 조사하고, 에너지 및 자원의 소비, 대기와 물에 대한 배출, 그리고 생산된 폐기물의 양을 평가해서 작성.(https://www.electimes.com/news/articleView.html?idxno=319594)

그러니 텀블러를 최소한 플라스틱 컵 70개, 종이컵은 140개를 대신할 만큼 자주, 오래 사용하는 것이 중요해요. 일주일에 3개 정도의 플라스틱 컵이나 종이컵을 사용하는 사람이면 어떨까요? 텀블러 하나를 반년 이상 매일 사용하거나(플라스틱 컵 70개 대체) 1년 이상 매일 사용해야(종이컵 140개 대체), 겨우 플라스틱 컵과 종이컵을 대신해서 사용한 보람을 느낄 수 있겠네요. 그렇게 하려면 텀블러를 늘 가지고 다니는 습관부터 길러야겠죠?

텀블러와 마찬가지로 우리는 에코백도 필요 이상으로 많이 가지고 있어요. 저도 이전에는 학교 및 공공기관이나 이런저런 행사에서 무료로 나눠주는 기념품 용도의 에코백들을 많이 갖고 있었답니다. 여기저기 필요한 곳에 두다 보니 집 안에 에코백이 그렇게 많은 줄도 몰랐죠. 어느 날 물건 정리를 하면서 에코백을 모아보니 10여 개가 넘더라고요. 접어서 가지고 다닐 수 있는 장바구니와 보조 가방으로 들고 다닐 에코백을 정리해서 현관 신발장에 걸어두고, 나머지는 다른 사람에게 물건을 줄 때 비닐이나 종이가방 대신 사용하였어요. 받은 사람들도 저처럼 그 에코백을 유용하게 사용했으려나 궁금하네요. 한눈에 확인할 수 있게 물건을 잘 모아놓는 습관이 중요함을 다시 한번 느낍니다.

텔레비전을 보면 명품 가방을 장식장 같은 곳에 넣어 두거나, 신발과 구두를 진열해 놓은 장면을 보기도 해요. 그렇게 물건을 모으는 사람들은 애당초 미니멀리스트가 되고자 하는 마음이 없었을 거예요. 그러나 그렇게 소중하게 물건을 모았던 사람조차 그것이 자신에게 더는 가치 없게 느껴지거나, 물건 자체가 무의미하게 느껴질 때가 올 수도 있겠지요. 그러면 그 물건을 정리할 수밖에 없을 테고요. 모으고 버리는 것이 아니라 소중한 것을 되찾는 시간이라는 점을 생각하면서 정리하는 습관을 가지면 좋을 것 같아요.

사람마다 무엇을 가치 있게 생각하느냐에 따라 수집하는 물건은 다를 수밖에 없어요. 실용성만 생각하는 사람들이 있는가 하면, 미적인 가치로 물건을 보는 사람도 있지요. 그러니 용도에만 신경 쓰지 말고 자신이 중요하게 여기는 가치로 물건을 선택하고, 불필요한 물건을 정리하면 된답니다. 어떤 가치를 기준으로 두느냐에는 분명 차이가 있겠지만, 그 수를 줄이고 물건에 대한 집착에서 벗어나는 것이 바로 미니멀리스트가 되는 길이니까요.

Z세대는 기성세대와 다른 소비를 한다고 해요. 바로 가치소비라는 것으로, 가치 있는 곳에 돈을 쓴다는 의미지요. 동물 가죽으로 만든 가방보다는 에코백을 사용함으로써 친환경적인 삶의 모습을 보여주지요. 또 현수막을 이용해 만든 새활용 가방이나 지갑을 사기도 하고요. 자연을 파괴하지 않고 생산되는 티셔츠를 사거나, 아프리카 아이들에게 도움을 줄 수 있는 신발을 일부러 구매하기도 해요.

그런 흐름을 이용해 기업들은 가치소비 제품을 상품으로 내놓기도 합니다. 하지만 가치소비라는 이유로 한 번 더 소비하는 일이 생길 수 있기 때문에, 미니멀리스트가 되려면 '소유'에 집착하지 않는 노력이 필요해요. 1년에 한 번 쓸까 말까 한 제품을 누군가에게 빌려쓸 수 있다면, 굳이 그 물건을 살 필요가 없겠죠. 그처럼 공유할 수 있는 물건이 있다면 굳이 소유하지 않아도 될 테니, 구매해야 할 물건을 많이 줄일 수 있겠지요?

'나만의 것'이 아닌 '모두의 것'으로

공유경제란 2008년 미국의 법학자 로렌스 레식 교수가 《리믹스(Remix)》라는 책에서 처음 사용한 개념인데요. 지난 10여 년간 여러 개념이 혼재되어 사용되기도 합니다.

먼저 대표적으로는 '소유'라는 개념 자체가 없는 재화(물건)를 의미합니다. 1980년대 중반부터 시작된 카피레프트(Copyleft: 저작권 없음) 운동에 참여하는 소프트웨어나 지식 정보, 그림이나 사진 등이 그런 예가 될 수 있겠죠. '오픈소스 코드'라는 말을 들어본 학생들도 있을 텐데요, 누구나 이용할 수 있고 전달할 수도 있는 소프트웨어랍니다.

책이나 글도 지적재산권을 주장하지 않는 경우가 있어요. 위키피디아 같은 종류의 집단 참여 지식이 그런 예가 되겠지요. 또, 책을 쓴 저자는 있지만 누구나 그 책을 다운로드해서 볼 수 있도록 제공하기도 해요. 저자나 출판사가 판매하지 않고 배부하는 방식으로 시작된 일이죠. 창작자가 자신의 저작권을 주장하지 않고 공유하길 원하는 경우, '변형해선 안 된다'라거나 '변형을 허용한다' 등의 조건을 달아 공유함으로써 무료 상품, 공유 상품이 될 수 있답니다.

공유경제의 두 번째 형태는 공공기관이나 기업이 유휴자원(현재 사용되지 않는 자원)을 활용하는 것이에요. 우리가 자주 이용하는 도서관이 대표적인 예일 텐데요. 공공기관이 운영하는 도서관에서 책을 빌려보면, 어느 한 개인이 그 책을 소유하는 것은 아니지만 그 혜택은 누구나 골고루 누릴 수 있지요.

최근에는 공공기관의 유휴 공간을 개방하여 시민들이 공유사무실로 사용할 수 있도록 하기도 해요. 저렴한 이용료를 내고 사용하게 하는 경우도 있지만, 기간을 제한하고 조건에 부합하는 경우엔 무료로 사용할 수도 있답니다.

서울시에서 운영하는 '따릉이' 자전거 공유 서비스도 공공기관이 제공하는 공유경제의 한 형태예요. 여러 지방자치단체가 서울시와 유사한 공유 서비스를 제공하고 있지요.

공영주차장도 어떤 면에서는 공유경제의 개념이 들어 있어요. 공공기관의 토지를 저렴한 요금으로 이용하는 것이니까요. 특히 대중교통 이용률을 높이기 위해서, 지하철역에 환승주차장을 운영하는 경우가 많은데요. 민간이 운영하는 것보다 저렴하게 주차장을 이용할 수 있다는 장점이 있지요. 최근에는 공영주차장에 주차할 수 있는 면이 얼마나 남았는지 정보를 제공해 주는 앱이 나올 정도예요. 그만큼 주차장 또한 사람들이 많이 활용하는 공유경제로 볼 수 있겠어요.

세 번째 공유경제의 형태는 개인끼리 하는 거래를 바탕으로 만들어져요. 개인이 소유하기는 하지만 활용하지 않는 물건이나 지식, 시간, 장소 등 유무형의 자원을 서로 대여하거나 교환하는 식이에요. 그럼으로써 참여자 모두 적정한 편익과 이윤을 얻는 경제 활동의 형태랍니다.

동네에서 물물교환이나 중고 물건을 거래할 수 있게 하는 직거래 플랫폼을 예로 들 수 있는데요. 그런 플랫폼을 통해 개인끼리도 쉽게 거래할 수 있게 되었죠. 옷 대여 플랫폼을 통해, 옷장 속에 박아 둔 채로 평소에 잘 입지 않는 정장이나 드레스 같은 옷을 필요한 사람과 공유하는 서비스도 있답니다.

최근 숙박 공간을 제공하는 플랫폼도 그러한 유형의 공유경제인데요, 많은 여행자들이 활용하고 있어요. 집에서 비어 있는 공간을 방문자들의 숙박을 위해 빌려주거나, 장기간 집을 떠나 있게 되어 집을 통째로 빌려주는 사람들이 그런 공유경제 플랫폼을 이용합니다. 물론 빌리는 사람들 역시 저렴한 가격이나 특별한 체험 등의 이유로 그런 숙박 플랫폼을 이용하게 되고요.

자동차나 개인 모빌리티 서비스를 공유하는 플랫폼도 마찬가집니다. 과거에는 렌터카 업체가 소유한 차를 대여해 주는 서비스에 그쳤지요. 하지만 지금은 렌터카 업체 플랫폼을 통해, 개인이 소유한 자동차를 대여해 주기도 한답니다. 개인 판매자가 참여하는 쇼핑 플랫폼처럼, 자동차의 경우에도 개인 소유자가 참여해 공유 서비스를 제공하는 것이지요.

그러나 그런 방식의 공유경제를 비판하는 사람들도 있답니다. 그처럼 플랫폼을 통해 많은 참여자가 유휴자원을 공유하고 수익을 창출하는 것을 공유경제로 볼 수 있냐는 건데요. 자원을 제공하는 사람들이 플랫폼을 제공하는 기업에 숙박료나 차량 이용료의 일정 부분을 수수료로 내고 있기 때문이지요. 그런 이유로 공유경제라기보다는 플랫폼을 이용한 수익모델이라고 비판하는 거예요.

물론 일부 플랫폼은 회원에게 회비를 받거나, 수수료 없이 광고만으로 유지하는 곳도 있어요. 그처럼 플랫폼의 모델도 다양하답니다. 그러나 어떤 플랫폼이든 공통적인 입장은 있어요. 데이터를 원활하게 유통하기 위해서는 유지 관리 비용이 많이 들기 때문에, 서비스를 무료로 제공하기는 어렵다는 거예요. 실제로 문제가 생겼을 때 대처하기 위해서는, 전화 응대 서비스까지 갖춰야 하고요. 이렇게 플랫폼을 유지하고 관리하는 데는 비용이 많이 발생한답니다.

　공유경제를 통해 자원과 서비스를 공유하면서, 소유 및 구매에 대한 개념도 많이 달라지고 있어요. 공유경제에 포함되지는 않지만 소

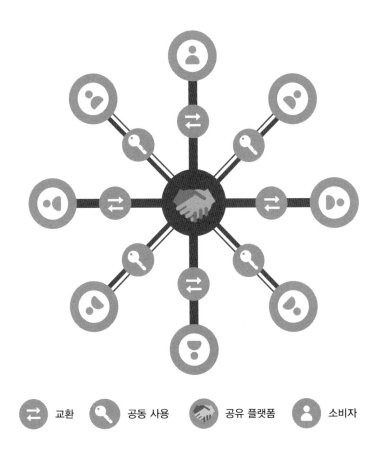

공유 플랫폼 모델

유하지 않고 빌려 쓰는 서비스, 즉 렌털 서비스나 구독 서비스 같은 것이 그런 경우예요. '플랫폼 애즈 어 서비스(PaaS: Platform as a Service)'라고도 하는데, IT 업계에서는 클라우드에서 여러 옵션을 제공하는 서비스 모델을 부를 때 흔히 통용됩니다. 앱 개발자들이 개발에 필요한 도구를 다 가지고 있지 않아도, 클라우드 공급자가 제공해 주기 때문에 앱을 개발할 수 있거든요. 일반 대여 사업에서도 많이 나타나는 모델이기도 해요.

렌털 서비스로 침대 매트리스를 사용하면, 소독을 정기적으로 해 주거나 시기가 되면 교체해 줍니다. 정수기를 대여하면 필터를 정기적으로 교체해 주는 것 또한 소유보다는 서비스를 이용하는 개념으로 볼 수 있어요. 기업이 자동차를 임대하는 서비스는 전통적인 렌털 모델 사업이지만, 자동차를 개인이 제공한다면 공유 서비스에 가깝겠죠? 실제로 이전까진 기업이 대여하는 자동차를 모두 소유하고 관리하는 것이 전통적인 방식이었답니다. 하지만 최근에는 개인이 소유한 차를 렌털 플랫폼을 통해 빌려주는 공유경제 사업도 등장하였지요. 내가 자동차를 주말에만 사용한다면, 주중에는 누군가에게 대여해 줄 수 있지 않겠어요?

공간을 차지하지 않는다거나 쓰레기에 대한 부담감을 없애준다거나 혹은 그 밖의 여러 이유로 렌털 서비스를 이용하는 사람들이 꾸준히 증가하고 있어요. 하지만 기업에서 렌털 제품을 수리하거나 새롭게 개선해서 지속적으로 사용하지 않고, 몇 번 쓰고 쉽게 버린다면 어떻게 될까요? 소유를 통해 오래 쓸 수 있는 기회를 오히려 막는 셈이 되겠지요. 그렇기 때문에 기업의 적극적인 노력이 필요하답니다.

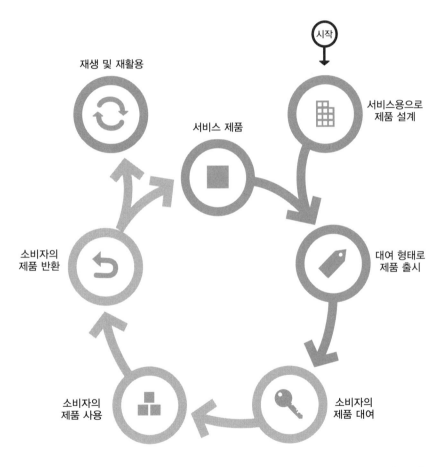

소유는 하지 않고 서비스만 구매하는 모델

3. 제로 웨이스트 라이프스타일

쓰레기 만들지 않고 장보기

《나는 쓰레기 없이 살기로 했다》의 저자이자, '제로 웨이스트' 라이프스타일의 바람을 일으킨 주인공인 비 존슨. 그녀는 1년간 모은 쓰레기를 작은 병에 담아서 화제가 되었는데요. 텔레비전 방송에 출연한 그녀에게 사람들은 놀랍다는 반응을 보였지만, 말도 안 된다거나 속임수를 부리고 있다며 그녀에게 손가락질한 사람들도 있었답니다.

그래서 비 존슨은 책을 통해 자기가 실천하는 방법을 알리기로 했어요. 텔레비전 인터뷰 방송 후 그녀의 삶은 동영상으로도 알려지기 시작했어요. 비 존슨은 남자아이 둘을 키우는 엄마이기도 했는데요. 아이들을 키우면서 쓰레기를 만들지 않기 위해 고군분투하는 모습에서, 시청자들 역시 많은 아이디어를 얻기도 했답니다.

비 존슨은 쓰레기 없는 삶을 위해 처음에는 무턱대고 모든 것을 직접 만들어 먹으려고 시도했다고 해요. 그러다가 그런 무리한 방법으론 지속할 수 없다는 것을 깨닫고, 계속해서 할 수 있는 방법들을 차츰 찾아내기 시작했어요. 버터를 직접 만드는 것이 아니라, 이미 완성된 버터를 덜어서 사 올 수 있는 가게를 찾기 위해 노력했지요. 또 와인을 담아오기 위해 먼 곳의 포도주 양조장에 가기보다는, 유리 와인병은 재활용할 수 있다는 점을 활용해서 와인을 구매하기로 했어요. 그래서 물건을 사러 갈 때는 커다란 장바구니 3개에 천 가방이나 천 주머니, 유리 용기를 준비해서 장을 보는 생활을 하기 시작했답니다.

그런데 그 과정에서 혼자만의 노력으로 쓰레기를 없애긴 어렵다는 사실도 깨달았죠. 샴푸를 대신해서 비누와 식초를 이용하다 보니, 머리에서 식초 냄새가 나서 가족들이 참기 어려웠던 점도 그중 하나예요. 그래서 리필제품을 쓰다가 고체로 만든 '샴푸바'를 이용하는 방식으로 진화했답니다.

나의 쓰레기 다이어트를 모두에게 알리라!

이웃이 가져오는 디저트를 포장재 때문에 거절하기란 누구도 쉽지 않은 일일 거예요. 무턱대고 거절하기보다는, 처음엔 감사하게 받더라도 "저는 쓰레기를 만들고 싶지 않답니다. 그러니 다음에는 이런 거 없이 오셔도 돼요"라고 말하는 식으로 간곡하게 거절하는 말을 덧붙이는 게 좋겠죠.

그래서 이웃이나 친구 들에게 자신의 생활방식을 알리는 것도 쓰레기 없는 생활을 실천하는 데 중요한 부분이에요. 우리가 살을 빼거나 건강을 위해서 다이어트를 할 때도 마찬가지잖아요? 내가 다이어트한다는 사실을 널리 알려야, 함께 식사하는 사람들이 식단 조절의 불편함을 이해해 줄 수 있어요. 그처럼 우리 스스로가 쓰레기 다이어트를 하고 있음을 알려야, 불필요한 감정의 소비를 줄일 수 있답니다.

우리는 매일 먹고 마시고 물건을 소비하면서 살아요. 식료품부터 학용품, 미용 및 세면도구, 옷, 신발 등 모든 제품을 스스로 제작하는 일은 불가능하겠죠. 그러다 보니 소비재 대부분은 포장된 제품으로 구매할 수밖에 없는데, 최근에는 온라인 쇼핑으로 택배 포장까지 더해졌어요. 포장재 쓰레기에서 생긴 환경문제에 대한 우려와 죄책감으로, 다회용 포장 상자가 도입되기도 했지요.

중고 거래를 할 때도 마찬가지예요. 바로 이웃과 직거래를 하지 않는다면 중고 거래조차 택배 포장을 피할 수 없게 되었답니다. 코로나19로 인해 2년간 플라스틱 쓰레기가 그전보다 17.7%나 늘어났다고 해요. 그중에서도 '기타 폐합성수지류'라고 분류되는 배달 음식

포장재는 무려 80.6%나 증가했답니다.[3] 그만큼 배달 음식과 온라인 쇼핑에 따른 포장재가 많다는 것을 알 수 있지요.

그렇다면 포장재를 줄이는 가장 확실한 방법은 무엇일까요? 직접 만들어 먹는 것이 제일 좋긴 해요. 하지만 1인 가구와 맞벌이 가정이 많다 보니, 직접 만들어 먹기는 어렵다는 현실적인 문제가 있어요. 그러면 어떻게 배달 음식과 온라인 쇼핑을 줄일 수 있을까요?

배달 음식과 온라인 쇼핑의 굴레에서 벗어나기

먼저 사람들이 왜 배달 음식을 찾게 되는지 그 이유를 살펴봤어요. 그 부분부터 해결해야 배달 음식을 덜 이용할 수 있을 테니까요. 여론조사 기관에서 배달 음식을 선호하는 이유를 조사했더니[4], 사람들은 늘 먹는 것에서 벗어나 뭔가 좀 특별한 음식을 먹고 싶을 때

---

3 '코로나 이후 플라스틱 포장 쓰레기 80% 늘었다. 배달 음식 탓?' 〈뉴스트리〉, 2023. 3. 22.(환경공단 발표 자료 인용)

4 트렌드 리포트에서 2022년 3월 19일~3월 21일까지, 배달 서비스 및 배달 앱을 통한 포장 서비스 이용 행태를 파악, 20~59세 남녀 2,000명 및 평소 배달 앱 서비스 이용자 500명을 조사한 결과.(출처: https://blog.opensurvey.co.kr/trendreport/delivery-2022/)

배달 주문을 한다고 해요. 또 앞의 이유와 거의 같은 비율로, 배달의 편리함을 최우선 이유로 생각한다고 조사되었어요. 음식을 만드는 번거로움과 집 밖으로 나가야 하는 '귀차니즘'이 배달 음식을 이용하는 주된 이유였던 거예요.

특별한 요리를 하기 위해 모든 재료를 구매해서 음식을 만들고 나면, 남은 식재료가 공간만 차지하고 결국 쓰레기가 될 수 있다는 점도 배달 음식을 선택한 배경이 아닌가 해요. 식사 후 설거짓거리가 없다는 점 역시 편리함에 포함되었어요. 그리고 아이들을 데리고 나가려면 불편한 점이 많은데, 집에서 나가지 않고 바로 먹을 수 있는 점 역시 큰 장점으로 꼽혔고요. 그런 경향은 40대 직장 여성에서 배달 음식이 증가하고 있다는 점을 봐도 알 수 있지요. 그러나 최근에는 배달료가 오르면서 포장 옵션을 선택하는 사람들도 늘어나고 있어요. 그 외에 배달 음식을 주문하는 이유로는, 과거보다 사용하기 편한 앱과 주문할 수 있는 음식의 종류가 다양해졌다는 점도 있었어요. 과거보다 주문 방법이 훨씬 간편해졌다는 이유였죠.

그렇다면 배달 음식의 장점을 상쇄할 만한 단점에는 뭐가 있을까요? 과거 설문조사를 기반으로 살펴보면, 사람들은 배달 음식을 그리 신뢰하지 않았어요. 특히 '배달 음식이 안전한 음식이라고 생각하느냐'는 질문에는 겨우 5.6%의 응답자만 '그렇다'고 대답했답니다. '건강에 덜 해로울 것 같다'는 데는 겨우 6.9%의 응답자만 동의했고요. '자녀가 먹어도 괜찮다'는 의견도 14%로, 높지 않았어요. 최근 조사에서는 배달 음식에 대한 신뢰가 조금 높아지긴 했어요. 하지만 평소에 먹지 않는 자극적인 음식을 주문하는 사람들이 많은 것으로 봐서, 건강을 고려한 음식은 많이 주문하지 않는다는 사실을 알 수 있겠죠?

중국에서 '먹방'을 금지한 것처럼 할 수는 없을 거예요. 하지만 음식과 관련된 방송에서 건강한 음식의 중요성을 더 많이 알려준다면, 배달 음식을 줄이는 데 도움이 될 것 같아요. 또한 건강한 음식을 가정에서 손쉽게 만드는 방법도 다양한 방송 매체를 통해 제공하면 좋을 것 같고요.

배달 음식의 가격이 합리적이라는 의견에도 13.9%만 동의했는데요, 배달 음식이 상대적으로 저렴하지 않다는 의견이 많았답니다. 그러니 배달을 이용하기보다 직접 매장에 들러서 음식을 받아오는 사람들이 많아진다면, 배달 음식과 관련해서 개선되는 부분도 많아질 것 같아요. 특히 뜨거운 음식을 플라스틱 용기에 담는 경우가 많은데, 건강에 해로울 수 있잖아요. 그러니 배달을 이용하기보다 용기를 가져가서 담아오는 편이 건강을 챙길 수 있는 좋은 방법이라는 점도 중요한 정보가 아닐까요. 게다가 썩지 않는 플라스틱 쓰레기에 대한 죄책감도 덜 수 있고요. 환경을 생각하는 행동이라는 점도 강조하면 좋겠네요.

물론 배달되는 음식의 경우, 음식이 완성되어 나오는 시간에 맞춰서 용기를 가져가기란 쉬운 일이 아닐 거예요. 이럴 땐 과거의 방식이 도움이 될 수도 있겠군요. 음식을 주문할 때 아예 '다회용기'를 선택해서 배달받은 후, 용기를 세척해서 문밖에 놓으면 음식점에서 다시 용기를 회수하는 식 말이에요. 예전엔 중화요리를 다회용기에 배달해 주고, 1~2시간 정도 지나면 문밖에 놓인 그릇을 도로 가져가는 식으로 음식을 배달한 적이 있었거든요. 지금도 불가능한 일은 아니라고 생각해요.

다만 제도적인 도움이 필요합니다. 음식점 입장에서는 식재료의 가격이 올라가면 원가 절감을 꾀하게 되다 보니 일회용기를 사용하겠지요. 만일 일회용기를 선택하는 음식점이 '환경세'나 '플라스틱세'를 추가로 부담해야 한다면 어떻게 될까요? 아마도 일회용기보다 상대적으로 저렴하게 여겨져서, 다회용기를 선택하는 음식점이 많아지지 않을까요? 한편 일회용기의 가격 상승과 배달 인건비 증가라는 2가지 이유 때문에, 직접 용기를 가져가서 음식을 담아오는 사람들도 늘어날 거예요.

그런 불편함을 덜기 위해서 새로운 유형의 사업들이 시작될 수도 있어요. 그중 하나가 다회용기 사업이겠지요. 배달 앱에 수거 앱이 더해진다면 다회용기를 수거한 후 세척해서 다시 음식점에 가져다주는 사업도 가능하겠죠? 이런 새로운 사업에 대해서는 뒤에서 다시 다뤄볼게요. 조금 불편하다는 점은 분명 있어요. 하지만 안전한 용기를 가져가서 음식을 담아온다면, 플라스틱 쓰레기를 버리면서 받는 스트레스는 확실히 없앨 수 있어요. 그리고 건강에 더 좋다는 점도 잊지 않아야겠죠.

용기 내!

배달 음식 말고도, 우리가 쓰레기를 많이 배출하는 이유는 식재료가 모두 포장되어 있기 때문이에요. 2020년 몇몇 시민단체는 '용기 내 캠페인'을 진행했어요. 그중 하나인 그린피스에서 조사한 바에 따르면, 가정에서 배출하는 플라스틱 쓰레기의 78.1%가 식품 포장재였다고 해요. 온라인 배송으로 받든 대형 슈퍼마켓에 가서 사 오든, 식재료의 포장을 피할 수는 없기 때문이죠.

그럼 우리나라에서는 비 존슨처럼 포장되지 않은 식재료를 구입하기 어려운 걸까요? 그래서 제가 한번 실험을 해 보았답니다. 첫 번째 선택은 용기나 주머니를 가지고 대형 슈퍼마켓을 가는 것이었어요. 그런데 대형 슈퍼마켓에서 포장 없이 살 수 있는 채소는 아주 일부 품목에 불과했답니다. 감자나 무, 고구마 등이 벌크(작게 나눠 포장하거나 묶어놓지 않고, 무더기로 쌓여 있는 것) 상태로 놓여 있을 때만, 제가 가져간 천 주머니에 담아올 수 있었죠. 그 외엔 모두가 포장되어 있었는데요. 포장을 벗기면 바코드를 찍을 수 없어서, 계산대를 통과하기가 어려웠어요.

두 번째 선택은 전통시장에 가는 것이었어요. 집에서 멀지 않은 전통시장을 선택해서 방문했는데, 생각보다 많은 식재료를 천 주머니에 담아올 수 있었어요.

이미 포장된 것도 있었지만, 무게를 재서 판매하는 채소와 과일은 대개 포장하지 않은 상태로 있었어요. 그리고 뜻밖에 얻은 수확은 두부를 제조하는 가게를 발견한 것이었는데요. 그 자리에서 바로 두부를 제조해서, 포장하기 전에 제가 가져간 용기에 두부를 받아올 수 있었답니다. 또 떡이 막 나오는 시간에 방문한 터라 떡도 가져간 용기에 담아올 수 있었지요. 전통시장 근처에 있는 동네 빵집에서 막 구운 빵 역시 천 주머니에 담아올 수 있어서 반가웠는데요. 그런 방법을 활용하니 저도 제로 웨이스트 삶이 가능하겠다는 자신감이 마구마구 생기지 뭐예요.

물론 제한적인 일이긴 해요. 저처럼 전통시장이 인근에 없는 경우도 있고, 전통시장에서 원하는 식재료를 모두 살 수 있는 것도 아니잖아요. 특히 한꺼번에 다량의 식재료를 구매하려는 사람들은 불편할 수 있어요. 물품을 많이 사 오려면 자동차가 필수적인데, 많은 전

안양 관양동 시장(전통시장)의 포장재 없는 농산물

통시장이 주차시설을 갖춰놓고 있지 않기 때문이지요.

그러니 전통시장을 사용하려면 물건을 조금씩 자주 사 오는 습관이 필요해요. 자주 방문해서 가게 주인들과 얼굴을 익혀놓으면 이점이 많답니다. 비닐이나 포장 용기를 사용하지 않기 때문에 덤을 챙겨주시기도 하고, 포장하기 전에 미리 식품을 따로 보관해 주시기도 하거든요.

제가 그렇게 제로 웨이스트 활동을 하면서 반가웠던 일이 있는데요. 저 말고도 전통시장에서 용기에 물건을 담아가는 소비자들이 여럿 있다는 사실을 발견한 거였죠. 오늘날처럼 대형 슈퍼마켓이 없던 시절에는 많은 주부가 거의 매일같이 장에 다녀오곤 했어요. 음식물을 보관하는 일도 쉽지 않았고, 그에 비해 식구들은 많아서 식재료가 자주 비었거든요. 하지만 지금은 핵가족이 되어서 식구가 많지 않고, 전체 인구의 약 33%가 1인 가구랍니다. 그러니 매일 장을 보는 번거로움을 계속 유지하기란 쉽지 않을 거예요.

그래서 서울의 한 지역에서는 1인 가구 가운데 제로 웨이스트 삶을 추구하는 사람들을 위한 교류의 장을 마련했다고 해요. 함께 모여서 제로 웨이스트 삶에 대한 교육도 받고, 실천하는 방법에 관해서도 서로 의견을 나눌 수 있었답니다. 채식하는 사람들끼리 모여서 서로 노하우를 나누는 것처럼, 제로 웨이스트에 관심 있는 사람들이 모여서 함께 목표를 설정하고 활동 내용도 나누고 실천할 만한 정보를 교류했다는데요. 그러다 보니 제로 웨이스트가 훨씬 재미있고 쉬워졌다고 해요. 마음만 먹으면 방법은 분명 있답니다.

'껍데기는 가라', 제로 웨이스트 가게

최근에는 제로 웨이스트를 도와주는 매장도 많이 생겨나고 있어요. 일부 식재료에 한해서 무포장 채소나 곡류 제품을 팔기도 하지요. 또 플라스틱 포장이 없는 제품, 플라스틱을 대신하는 천연재료를 이용해 만들어진 제품을 판매해요.

우리가 매일 사용하는 칫솔이나 치약도 플라스틱 제품을 쓰는 경우가 대부분일 거예요. 현대인의 필수품인 플라스틱 칫솔은 1938년 '듀폰'이라는 회사에서 처음 나왔어요. 그런데 놀랍게도 3,000년 전부터 칫솔과 유사한 기능을 하는 도구가 있었다고 해요. 끝이 닳은 얇은 나뭇가지로 치아를 관리했다는 기록도 있고요, 1498년 중국에서는 대나무나 뼈로 만든 손잡이에 멧돼지 털을 부착해 칫솔을 제작했다는 기록이 있어요.

매년 전 세계적으로 230억 개의 칫솔이 쓰레기로 버려진답니다. 대부분 복합 소재라 소각하거나 매립하지요. 특히 고무 소재를 붙인 경우도 많아, 재활용은 거의 안 된다고 봐야 해요. 그러다 보니 최근에는 대나무 칫솔을 쓰는 사람들이 늘어나고 있어요.

액체 치약의 튜브 또한 뚜껑과 몸체의 플라스틱이 다른 데다가, 헹궈서 버리기도 어려운 작은 플라스틱 소재라 재활용이 어렵습니다. 그런데 매립할 경우 분해되는 시간이 평균 500년이라고 해요. 최근에는 그런 치약을 대신해서 고체 치약을 사용하는 사람들이 늘어나고 있어요. 고체 치약은 버릴 때 플라스틱 폐기물이 나오지 않으며, 칫솔질과 가글 둘 다 가능하다는 점이 장점으로 꼽히고 있어요.

대부분의 제로 웨이스트 매장은 벌크 세제를 준비해 놓고 있어

서, 용기를 가져가면 세제를 바로 담아올 수 있답니다. 식료품 포장
재 말고도 많이 버려지는 플라스틱 제품이 바로 세제인데요. 세탁용
세제, 설거지용 세제 등 가루 세제와 액상 세제를 담아올 수 있어요.
그처럼 플라스틱 쓰레기를 대폭 줄일 수 있어서, 벌크 세제는 많은
소비자가 환영하는 상품이에요. 하지만 제로 웨이스트 매장이 일반
슈퍼마켓에서 살 수 있는 모든 제품을 판매하는 것은 아니랍니다.
소비자마다 취향이 다를 수 있으니, 친환경 세제로 타협하는 자세도
필요하겠죠?

제로 웨이스트 매장에서는 종이 포장에 담겨 있는 샴푸바를 살
수도 있고, 화장품 재료를 살 수도 있답니다. 건강을 이유로 화장품
이나 샴푸바를 직접 제작하는 동호회나 개인도 늘어나고 있어요. 환
경 수업 시간에 직접 경험해 본 후 다양한 동영상이나 블로그를 살
펴보면, 자신에게 맞는 제품을 스스로 제작할 수 있을 거예요. 특히
친구들과 함께 정기적으로 만들어 보면 재미도 있고 보람도 있지 않
을까요?

4. 만약 내가 엔지니어라면?

고쳐서 사용하기

2023년 5월부터 서울시는 '잠수교 뚜벅뚜벅 축제'를 개최하면서 색다른 체험을 할 수 있는 공간들을 마련했어요. '뭐든지 수리소', '수리수리다수리'라는 이름으로 수리하고 싶은 제품을 가져와서 수리받는 체험 코너가 있었거든요.

저도 얼마 전 바질 잎을 갈다가 고장이 난 블렌더를 수리하려고 신청했던지라, 약속된 시각에 맞춰 블렌더를 들고 잠수교로 찾아갔지요. 머리가 희끗희끗한 어르신이 각종 작은 연장을 갖춘 자리에 앉아서, 열심히 제 블렌더를 열고 닦고 테스트를 해 보시더라고요. 그러더니 금방 전원 부분에 문제가 있고 접촉이 불량해져서 작동되지 않는다는 진단을 내려주셨죠. 그런 후 곧바로 접촉 부위에 쌓인 카본을 잘 닦은 후 돌려보니, 정말 금세 작동이 되는 것 아니겠어요?

예전에도 다른 블렌더가 고장 나서 제조업체에 문의한 적이 있었어요. 그랬더니 모터를 교체해야 하고, 그러면 거의 새 제품을 사는 것만큼 돈이 든다고 하더군요. 그래서 결국 수리를 포기하고 새 제품을 샀었죠. 소비자로서는 어처구니없이 비싼 수리비에 동의할 수 없었거든요.

부품은 새 제품보다 당연히 가격이 싸야 해요. 그런데 개발도상국처럼 노동력이 저렴한 곳에서 대량으로 생산할 경우, 제품의 가격은 선진국보다 상대적으로 낮게 책정될 수밖에 없어요. 그러니 한국에서 필요한 부품비, 운송비 및 인건비를 지급하게 되면, 수리하는 것임에도 불구하고 개발도상국의 생산비보다 턱없이 비싼 값을 치러야 했던 것이죠. 그러한 문제를 겪는 사람이 저뿐만은 아니었어요.

볼프강 헤클은 《리페어 컬처》라는 책을 쓴 작가이자, 수리의 달인이라고 할 만해요. 그는 어려서부터 작은 전등부터 전동칫솔, 라디오, 펌프, 오토바이 등을 고치며 살아왔어요. 그러나 최근에 나온 제품은 수리가 아예 불가능하도록 기계를 설계하고 생산한다고 해요. 간단하게 부품 하나만 교체하면 물건을 계속 사용할 수 있는 경우가 있잖아요? 그런데 기업이 부품을 더 이상 생산하지 않아서 소비자가 사용하기 어렵게 하거나, 소비자가 교체할 수 없도록 막아 놓는 거예요. 또 애초에 물건을 수리하기 어려운 구조로 만들어 놓고 수리할 수 있는 정보를 아예 남겨놓지 않기도 해요. 그런 지적이 계속 반복되는데도 불구하고, 기업은 자신들의 제품을 하나라도 더 팔기 위해서 그런 문제를 개선하는 데 적극적이지 않아요.

제가 가지고 있는 전기자전거만 해도, 해마다 새로운 모델이 등장한답니다. 모델이 바뀔 때마다 배터리 충전 커넥터, 즉 배터리 전원을 연결하는 입구 부분의 모양도 계속 바뀌더라고요. 배터리를 신형으로 교체하고 싶어도 호환할 수 없게끔 설계가 되어 있는 거지요. 게다가 구형의 배터리는 구하기가 어렵다는 문제도 있고요. 결국 어느 순간 배터리의 효율이 떨어지면 어떻게 되겠어요? 배터리를 교체하지 못하니까, 다시 새로운 전기자전거를 구매할 수밖에 없게 되겠지요.

제품을 일부러 부실하게 만든다고?

기업은 제품 자체를 약간 부실하게 만들어서, 한 군데라도 문제가 발생하면 전체를 교체하도록 유인해요. 그처럼 소비자들에게 더 많은 상품을 팔기 위해서, 일부러 쉽게 고장이 나게 만들거나 조금만 시간이 지나도 낡아 보이도록 하는 행위를 '의도적 진부화' 혹은 '계획된 진부화'라고 불러요. 의도적으로 상품의 수명을 조절해서 소비를 더 부추기는 기업의 경영 전략이죠.

미국 자동차 회사인 제너럴 모터스(GM)의 알프레드 슬론의 경영 방식으로도 알려져 있는데요. 예를 들어 자동차의 경우, 일정 기간이 지나면 자주 고장이 나는 부품을 만들어서 자동차를 교체하는 시기를 앞당겨요. 소비자가 지금 소유한 자동차 모델이 뒤처져 보이게끔, 계속해서 새로운 모델을 선보이는 것도 그런 경영 방법 가운데 하나예요. 합성섬유가 탄생했던 초창기에 나일론 스타킹을 너무 튼튼하게 만들어서, 사람들이 한 번 산 스타킹을 아주 오래 신었대요. 그러자 기업은 많이 팔리게 하려고, 의도적으로 올이 잘 나가게 스타킹을 만들었다지요. 아주 유명한 이야기랍니다.

스마트폰의 수명이 짧은 것도 그와 유사한 의도적 진부화로 보고 있어요. 포르투갈의 아이폰 사용자 11만 5,000명이 의도적 진부화 때문에 기업을 상대로 집단소송을 한 적이 있어요. 2017년에는 iOS 업데이트와 함께 구형 모델의 성능을 의도적으로 떨어뜨렸다는 사실이 밝혀지면서, 또 한 번 집단소송이 벌어지기도 했답니다.

안드로이드 스마트폰 역시 저가 스마트폰을 만들어서, 1~2년쯤 지나면 수명이 다하게끔 성능이 뒤처지는 부분들을 만들었죠. 단기간 사용하고, 새로운 모델로 빠르게 교체하도록 유도했던 거예요. 제이슨 히켈은 《적을수록 풍요롭다》에서 2010년부터 2019년까지 10년간 총 130억 개의 스마트폰이 팔렸는데 그중 100억 개의 스마트폰이 버려졌다며, 이것이 바로 의도적 진부화의 결과라고 말했어요.

그런 일 말고도 의도적 진부화는 여러 곳에서 발견할 수 있어요. 프린터에 인쇄물 1만 8,000장이 넘으면 자동으로 작동이 멈추게 하는 마이크로 칩을 넣거나, 제품 보증 기간이 지나자마자 노트북이 고장 나게 하는 것 또한 같은 수법이죠. 세르주 라투슈도 《낭비 사회를 넘어서》라는 책에서 의도적 진부화가 단순히 자원을 낭비하게 만드는 데 그치지 않고, 사회에 대량소비 경향을 퍼뜨리고 있다며 우려한 바 있어요.

우리에게 수리권을 달라!

볼프강 헤클이 수리 '덕후'가 된 배경에는 고장 난 수영장 펌프가 있었어요. 수영장 펌프를 고치려다, 새로운 모델의 수영장 펌프가 과거 모형과 호환할 수 없게 만들어졌다는 것을 알게 된 거예요. 그리고 이 또한 의도적 진부화라는 사실을 깨닫게 되었답니다.

볼프강 헤클은 의도적 진부화를 없애려면 모든 소비자에게 수리할 권리, 즉 수리권이 생겨야 한다고 말해요. '수리권'은 누구나 자유롭게 물건을 고칠 수 있는 권리예요. 소비자 각자가 수리할 수 있기 위해선, 기업이 소비자에게 제품에 대한 정보를 정확히 주고 수리할 수 있는 보편적인 부품에 대해서도 알려줘야 해요. 제조사에서 부품을 제공하지 않게 되더라도, 보편적인 모델의 부품으로 교체할 수 있도록 물건을 디자인해야 한다는 의미이기도 해요. 일반적인 것이 아니라 그 제품에만 사용할 수 있는 특별한 부품이라면, 별도로 그 부품을 판매해야 하고요.

특히 배터리처럼 화재가 발생할 수 있는 부품은 일반인이 수리할 수 없어요. 따라서 제조사에서는 지속적으로 같은 배터리를 제공해 줘야 합니다. 제가 전기자전거의 교체용 배터리를 구매할 수 없다면, 수리 '덕후'를 찾기 위해 많은 시간을 쏟아야 할 거예요. 게다가 효율이 높은 배터리를 제작하는 데도 만만치 않은 비용이 들겠죠.

하지만 기업은 수리권이 생기면 혹시라도 제품이 많이 팔리지 않을까 봐 소극적인 태도를 보이고 있어요. 때로는 정부나 정치인에게 기업의 성장을 방해한다는 이유로 수리권에 대해 부정적인 의견을 피력하기도 해요. 수리를 통해 제품의 수명을 연장하면, 소비자가 제품을 구매하는 시기는 그만큼 늦어질 수밖에 없기 때문이에요. 최신 제품을 선보이더라도 지금처럼 구매 효과가 빠르게 나타나지 않을 수 있고요.

하지만 사회 전체적으로 보면 어떤 효과가 있을까요? 빠르게 새로운 제품으로 교체하지 않아도 되니, 스마트폰처럼 단기간에 버려지는 물건이 많이 줄어들겠죠. 제품에 들어가는 자원도 절약할 수 있으므로, 천연자원을 더 오래 보존할 수 있을 거고요. 기후변화에 따른 탄소 중립이 전 세계의 원칙이자 기업의 사회적·환경적 의무가 되고 있어서 기업들의 노력은 반드시 필요해요. 하지만 소비자 역시 '친환경 책임 소비'라는 의무를 다하기 위해서, 수리권은 꼭 필요한 제도라고 할 수 있어요.

미국이나 프랑스 등 해외에서는 이미 시민들이 수리권을 제도화하기 시작했어요. 미국 매사추세츠주는 2012년 최초로 자동차 소유자의 '수리권법'을 제정했는데요. 누구나 자신의 차량을 수리할 수 있도록, 자동차 제조업자는 필요한 문서와 정보를 제공하도록 의무화하였어요. 지금은 미국에서 판매되는 자동차에 보편적으로 적용하는 규칙이 되었답니다. 농기계 역시 몇몇 주에서는 보증 기간 후에도 수리할 수 있는 기본적인 부품과 설명서를 제공하도록 되어 있고요.

프랑스에서는 2020년 스마트폰이나 노트북 등 전자기기 제조업체가 제품을 판매할 때, 해당 제품을 얼마나 수리하기 쉬운지 등급을 매겨서 그 정보를 제공하도록 하였어요. 예를 들어 제품을 구매하기 전에 '이 제품은 어디서든 수리할 수 있다'든가 '이 제품은 수리하기가 어렵다'는 등의 설명을 보게 된다면, 소비자는 수리 가능성까지 고려해 보고 제품을 살 수 있을 거예요.

기본적인 작동 원리를 배우는 교육

제가 '뭐든지 수리소'에 가려고 행사장을 찾았던 것은, 우리 주변에 그런 엔지니어를 찾아보기 어려운 이유도 있었어요. 오래전 텔레비전에서 방영했던 〈한 지붕 세 가족〉이라는 드라마에는 뭐든지 뚝딱 수리해 내는 '순돌이 아빠'가 나왔답니다. 흔히 뭐든지 잘 고치는 손재주 있는 사람을 순돌이 아빠라고 부르기도 하죠. 혹은 '맥가이버'라고도 부르는데, 그 이름을 들어보았는지 모르겠네요. 미국 드라마 주인공이었던 맥가이버 역시 과학적 이론을 바탕으로 뭐든 뚝딱 고치거나, 수도관 테이프 하나로 문제를 해결하는 천재 기술자였거든요.

과거에 남학생들은 기술이라는 과목을 배우고 여학생들은 가정과 가사 과목을 배웠어요. 지금은 통합되어서 기술·가정이라는 교과목이 되었지만요. 그래서 예전 남학생들은 가정에서 필요한 기본적인 기술을 배웠어요. 예를 들면 간단한 전기 제품을 고칠 수 있고, 수도관이나 배관에 생긴 문제를 알아서 뚝딱 해결하기도 했죠.

하지만 점점 가전제품의 기술이 고도화되고 상품이 다양해지다 보니, 각 가정에서 직접 문제를 해결하기가 어려워졌어요. 대형 가전제품 판매사들은 서비스 센터를 운영하고 있지만, 중소기업의 가전제품들은 가까운 곳에 서비스 센터가 없는 경우가 많아요. 그렇다 보니 이런 가전제품은 엔지니어의 도움을 받아야만 제품의 수명을 연장할 수 있답니다.

과거에는 전기 제품이어도, 드라이버로 제품을 열면 어떤 부품이 어떤 기능을 하는지 알 수 있었어요. 하지만 요즘 출시되는 제품들은 모듈화된 부품이어서, 실제로 어디서 어떤 문제가 발생하였는지 확인하기 어려운 구조로 만들어져 있어요. 그래서 제품을 제조한 업체가 아니면 문제를 파악하기조차 힘든 상황이 많답니다.

전파사가 많이 사라진 이유도 그러한 기술적 진보와 다양한 부품을 가진 수많은 제품 때문이 아닌가 해요. 보편적인 기술로 고칠 수 있는 제품이 많이 없어지다 보니, 오히려 특정한 종류의 제품만 수리할 수 있는 전문성 있는 업체도 생겨나고 있어요.

최근에는 마이스터고 출신의 엔지니어들이 용산전자상가나 세운상가 같은 곳의 수리 장인들과 함께 청소기만 전문적으로 수리하는 업체를 만들기도 했죠. 우산을 수리하는 사람, 스마트폰을 수리하는 업체, 수리 카페를 운영하는 곳도 생겨났답니다.

수리권이 보장된다면 앞으로 다양한 전기 제품을 수리하는 엔지니어들도 더 많이 필요해지겠죠? 기계가 어떻게 작동하는지 관심을 가지고 들여다보는 습관을 가진 사람, 과학과 공학에 관심 있는 사람이라면 자원순환 시스템에서 자신이 가진 능력을 펼칠 수 있는 기회가 많아질 것 같아요.

5. 친환경과 가치를 모색하는 사회적 기업

'덕후'에서 사회적 기업가로

비즈니스 영역에서 생산과 판매, 서비스 제공을 통해 '사회적 가치'를 만들어 가는 모든 경제적 활동을 '사회적 경제'라고 할 수 있어요. 예를 들면 수리를 전문적으로 하는 엔지니어가 청소기 전문 수리업체를 만들어서 버려지는 청소기를 줄이는 것, 쓰레기 문제를 고민하던 활동가가 포장재 없는 제로 웨이스트 가게를 만들어서 쓰레기 문제를 해결하려고 노력하는 일, IT 전문가가 공유 마켓 플랫폼을 통해 가끔씩 필요한 물건을 대여해 주면서 자원을 절약하려고 노력하는 일 등이 사회적 경제에 속하지요.

지방자치단체 일부에서는 취약계층 사람들에게 일자리를 제공하는 일이나 어려운 사람을 돕는 사업을 사회적 경제로 해석하는 경우도 있어요. 하지만 사회적 경제란 기업의 이윤에만 관심을 갖는 것이 아닐뿐더러 사회적 가치 실현에 무게를 두면서, 민주적인 경영과 형평성 있는 배분 정책을 실현하려는 모든 형태의 기업 활동을 포함한답니다.

과거에는 기업이 오로지 이윤만 추구하다 보니, 인권문제나 환경문제를 일으키는 주범처럼 여겨지던 때도 있었어요. 하지만 최근에는 대중의 심리와 행동의 변화를 통해서, 기업 또한 사회 문제를 해결하고 지구 환경에도 유익한 일을 할 수 있다고 생각하는 사람들이 하나둘씩 증가하고 있답니다.

그처럼 긍정적인 사고를 하는 사람들은 직접 사회적 가치를 실현하는 스타트업을 만들어서 투자를 이끌어 내기도 하지요. 개인이 고용이나 생산 활동을 통해 사회적 가치를 만들어 내고 지속 가능한 수익을 창출한다면, 그런 경우 또한 사회적 기업이라 할 수 있을 거예요.

여러 사람이 십시일반으로 도와서 공동으로 설립하고, 민주적으로 운영하고, 이익을 나누는 협동조합을 만들 수도 있어요. 마을의 공동 자산을 활용하거나 마을 특산품을 생산하고 판매하는 마을기업도 등장하고 있고요. 사회적 기업, 협동조합, 마을기업 등의 운영 방식도 사회적 경제의 형태로 볼 수 있답니다.

사회 문제 해결사

미국 뉴욕주에 살던 버니 글래스먼은 노숙자들이 발생하는 이유가 그들에게 직장이 없기 때문이라고 생각했어요. 그래서 1982년 노숙자들을 고용하기 위해 '그레이스톤 베이커리'라는 빵 가게를 열게되었지요. 지난 40년간 그레이스톤 베이커리에서 창출한 일자리가 3,500개에 달한다고 해요. 특히 수익금은 재단을 통해 지역 내 구직자를 상대로 하는 직업훈련에 사용하면서 사회적 공헌을 지속하고있어요.

스페인 카탈루냐 지역 가로트하에서는 낙농업을 연구하던 크리스토발 콜론 박사가 1982년 유제품을 제조하는 협동조합을 만들었는데요. 정신질환을 앓거나 지적장애가 있는 사람들에게 일자리를 제공했답니다. 인근 정신병원과 협력해서 장애인들도 일자리를 가질수 있도록 하는 등 사회적 공헌을 하면서도 지금까지 꾸준히 유제품을 생산하고 있어요. 사회적 가치는 다양하게 발굴해 낼 수 있다는것을 알 수 있겠지요?

우리나라에서 비영리 단체가 비즈니스를 통해 사회 문제를 해결하겠다고 나선 경우는 '아름다운 가게'를 대표적으로 꼽을 수 있어요. 사람들이나 업체가 기부한 물품을 재사용하도록 판매하는 사업을 하고 있지요. 그리고 판매 수익은 다시 다양한 방식으로 사회에

환원되도록 하였어요. '굿윌'이라는 자선사업 단체는 물품을 재사용하도록 판매하고 있어요. 기부받은 물품을 정리하는 일부터 판매하는 일까지, 취약계층 사람이나 장애인에게 일자리를 제공하고 있답니다.

한편 예술 활동을 통해 사회적 가치를 실현하는 사회적 기업도 있어요. '에이컴퍼니'는 신진 작가를 발굴하고 작품 전시와 판매를 도와주는 사업을 펼치고 있는데요. 원래 예술작품은 대형 갤러리가 유명 작가의 작품을 부유층 사람들에게 비싼 값에 판매하는 방식으로 거래돼요. 그러다 보니 젊은 예술가들은 작품을 팔 수 있는 판로도 별로 없고 수입이 부족해서, 지속적인 창작 활동을 하기 어려운 경우가 많았답니다. 그래서 에이컴퍼니는 신진 작가의 작품을 소개하는 플랫폼을 만들어서, 청년 예술가의 삶을 지원하는 방식으로 사업을 하고 있어요.

활동가에서 제로 웨이스트 가게 사장님으로

서울시 망원동에 자리 잡은 '알맹상점'은 무포장 제품만 판매하는 제로 웨이스트 가게예요. 플라스틱 쓰레기가 넘쳐나는 현실을 조금이라도 바꿔보자는 생각에, 망원시장의 상인들에게 비닐봉지 대신 장바구니를 활용하게끔 하는 것으로 캠페인을 시작했대요. 장바구니로 쓸 만한 에코백을 기증받아 모아놓고, 누구나 빌려 갈 수 있도록 한 거예요.

하지만 장바구니만으로는 플라스틱 문제를 해결할 수 없었어요. 그래서 아예 알맹이, 즉 내용물만 사 갈 수 있게끔 리필제품을 판매하는 곳이 있었으면 좋겠다고 생각했대요. 그러나 리필을 하려고 귀찮게 빈 용기를 들고 찾아올 사람이 몇 명이나 되겠어요? 플라스틱 쓰레기를 배출하고 싶진 않지만, 그렇다고 장바구니에 빈 통까지 챙겨 오는 수고를 감수하려는 사람들은 많지 않을 거 아니에요? 그런 생각 때문에 리필제품을 판매하기 위한 가게를 덥석 계약할 수는 없었대요. 그래서 나온 아이디어가 임대료의 부담을 줄일 수 있게, 카페의 귀퉁이를 빌려 대용량 리필제품을 놓고 판매하자는 것이었어요.

사람들이 직접 가져온 통에 세제를 담아가는 방식이었는데, 그조차 처음에는 쉽지 않았대요. 무게를 달기 위해 저울을 사용하는 방법부터 소비자가 무게를 직접 재고 가격을 알아내는 일까지 구매에 불편한 점이 있었죠. 세제가 밖으로 흘러나오기도 하고 소비자가 가져오는 용기의 위생 상태가 불량한 경우도 있었어요. 또 판매하고 있는 세제의 사용기한이나 성분 정보 등 포장재 없이 판매하는 내용물의 라벨 정보를 소비자에게 정확하게 전달하는 방안도 마련해야 했죠.

하나씩 문제를 해결해 나가면서 알게 된 사실이 있었어요. 세제를 리필하기 위해 기꺼이 불편을 감수하면서 그곳까지 오는 소비자들이 있다는 것이었죠. 그래서 더 많은 사람들이 찾는 제로 웨이스트 가게를 내기로 결정했답니다. 그 결과 세 사람의 동업자가 서로의 부담을 최소화하면서도 각자의 책임을 다하는 지금의 제로 웨이스트 가게를 운영하게 되었고요. 시간도 많이 들고 해결해야 할 문제도 쌓여 있지만, 지금은 제로 웨이스트 가게로 꽤나 유명해지면서 2호점까지 냈답니다.

동아리에서 자판기 사업으로

대학 동아리에서 시작된 '지구자판기' 또한 포장 플라스틱을 없애기 위한 고민에서 시작된 사업이에요. 해외에서 자판기로 세제를 판매하는 경우가 있긴 했지만, 아직 우리나라에서는 자판기에 용기를 가져가서 세제를 받아오는 일은 찾아보기 힘든 때였답니다. 지구자판기 팀은 제로 웨이스트 가게가 너무 드물다 보니 어디서나 손쉽게 이용하기 어렵다는 불편함을 해결하고 싶었어요. 누구나 통을 들고 멀리 가지 않고도, 바로 집 앞에 리필해 주는 곳이 있어서 간편하게 세제를 받아오면 좋겠다고 생각한 거죠.

게다가 당시 제로 웨이스트 가게에서 세제가 다소 비싸게 판매되는 것도 소비자들이 접근하기 어려운 장벽이라고 판단했어요. 그래서 자판기를 통한 제품 판매 방식으로 문제를 해결하면 좋겠다고 생각한 거예요. 그러나 자판기 1대를 만드는 일이 생각처럼 쉽지만은 않았어요. 창업 교육도 받고, 소셜벤처(창의성을 바탕으로 사회적 가치를 실현하고, 그 과정에서 이윤을 얻는 기업)로 지원을 받아서 자판기를 만들고, QR코드와 앱을 통해 쉽게 결제하는 방법도 개발해야 했지요. 교육용 및 대여용으로 리필하는 지구자판기 사업을 하다 보니, 대기업과 공동 프로젝트를 할 기회도 생겼답니다. 대학 친구들과 환경문제를 해결하려는 노력이 소셜벤처라는 사회적 기업으로 탄생하게 된 것이죠. 생각하고 또 생각하다 보면 길은 있기 마련인가 봐요.

단, 혼자만 생각하지 말고 친구들, 더 나아가서는 선생님이나 멘토들에게도 생각과 고민을 털어놓고 이야기해 보세요. 전문가들의 컨설팅까지 연결될 수 있는 길이 열려 있답니다.

자원순환 스타트업 창업자

커피박, 즉 커피 찌꺼기 이야기를 앞에서 했었죠? 야생의 커피를 따는 경우는 예외지만, 전 세계의 커피 농장과 판매점은 엄청난 온실가스를 배출하고 있어요. 재배 과정뿐이 아니에요. 수많은 나라에서 커피를 수입해서 판매하기 때문에, 유통 과정에서도 많은 온실가스가 배출된답니다. 그리고 커피 찌꺼기를 폐기하는 과정에서도 온실가스가 배출되지요.

커피박 1톤을 소각할 때 약 338kg의 탄소가 배출되다 보니, 사람들은 그것이라도 줄였으면 하는 바람을 품게 되었답니다. 그래서 커피박을 화분으로 새활용하는 사회적 기업들도 생겨났고, 커피박을 퇴비로 활용하는 농부들도 많아졌어요.

최근에는 커피박에 기술을 더해서 고형연료를 만드는 기업도 등장했는데요. '포이엔'은 열팽창 기술을 통해, 커피박을 붕어빵처럼 찍어내는 기계틀에 넣고 고형연료를 만들어 냈어요. 그런 방식으로 만들어 낸 '커피박탄'은 발열량이 높고 연기도 줄일 수 있답니다. 고형 커피박을 처리하기 어려운 지방자치단체부터 유제품 회사나 대형 카페 체인점까지, 매일 배출되는 커피박을 제공해 주어서 수급 체계도 잘 만들어 가고 있지요. 지금은 더 다양한 공급원을 마련하기 위해서, 커피박 수거 체계를 사물인터넷(IoT) 기반으로 만들고 있답니다.

세상에는 플라스틱 쓰레기 문제를 적극적으로 고민하고 해결하기 위해 노력하는 사람이 생각보다 많이 있답니다. 물건을 구매할 때부터 쓰레기를 줄일 수 있도록 돕는 가게, 어쩔 수 없이 발생한 폐기물은 최대한 재활용할 수 있게끔 돕는 가게도 그 한 예이지요. 환경문제를 어쩔 수 없는 일로 바라보지 않고, 나 스스로 문제를 해결하는 주인공이 되겠다는 생각으로 우리 주변의 문제를 바라본다면 분명 길은 있을 거예요.

동네에 하나쯤은 있는 옷 수선가게를 떠올려 볼까요? 소소하게 바짓단을 줄이는 일부터 옷을 몸에 잘 맞게 고치는 일, 아예 전혀 다른 종류의 옷으로 변신하는 리폼에 이르기까지 여러 가지 서비스를 제공하지요. 옷을 수선하는 분들은 자기의 능력으로 먹고살기 위해 수선가게를 열었을 수도 있어요. 하지만 사회적으로 볼 때, 옷을 고쳐서 더 오래 입을 수 있게 해주니까 자원순환의 중요한 역할도 담당하고 있는 셈이지요. 하지만 그처럼 옷을 수선하는 일을 하면서도 자원순환을 연상하지 못하는 분들이 분명 계실 거예요. 예전부터 존재해 왔던 직업이니까요.

고물상이라고 부르는 사업도 마찬가지예요. 사회 문제를 해결하려 하기보다는 돈이 되는 일이기 때문에 시작했을지도 몰라요. 그래서 그런 경우에는 사회적 경제라 부르지는 않지요. 하지만 자원순환 분야에서 그분들만큼 재사용과 재활용에 기여해 온 분들이 있을까요?

6. 농부처럼 살아보기

냄새 없고 건강한 퇴비 만들기

세상에서 자연에 가장 감사하는 직업이 있다면, 그것은 아마도 농업이 아닐까요? 농부님들은 토양의 양분과 햇빛, 눈과 비, 온도, 다른 생물들에 따라 한 해의 수확량이 결정되기 때문에 자연에 고마움을 잊지 않는 분들이랍니다. 녹색혁명을 통해 새로운 농업 기술이 탄생하면서 자연을 대체하는 다양한 활동이 생겨났지만, 그래도 여전히 농사에는 자연의 힘이 꼭 필요하지요.

녹색혁명은 자연에만 의존하던 농업 방식에서 벗어나 품종 개량과 관개시설의 확장, 화학비료와 살충제 등과 같은 농업 기술로 인해 수확량이 대폭 증가한 때를 의미해요. 가장 최근의 녹색혁명은 2차 세계대전을 거치며 개발도상국으로 선진국의 과학기술이 전해지면서, 농업 생산량이 비약적으로 증가한 시기를 말하죠.

이처럼 과학적 방법 및 기술적 진보가 우리 사회 곳곳에 지대한 영향을 끼친 건 사실이에요. 하지만 영양과 물질 순환이라는 측면에서, 자연의 순환 원리를 가장 잘 적용하는 분야는 여전히 농업이랍니다. 토양은 여러 가지 원소들이 존재하면서 작물에 필요한 성분들을 균형 있게 만들어 주는 역할을 해요. 하지만 동물의 배설물이 토양의 미생물로 전달되지 않는다면 어떻게 될까요? 맨손으로 영양분을 만들거나 성분의 균형을 이룰 수는 없겠지요.

과거에는 인간의 배설물도 토양에 양보했어요. 하지만 현대의 대표적인 문명인 수세식 변기는 그러한 순환을 차단하는 역할을 해요. 분뇨는 개별 혹은 집단 정화조를 거치면서 호기성 미생물에게 분해되고, 그 오폐수는 폐수 종말처리장으로 간 후 처리되지요. 하지만 여전히 많은 오염물이 배출되고 있답니다.

서울의 난지물재생센터는 서울에서 발생하는 하수의 16.7% 정도를 처리하는 곳인데요. 하수 찌꺼기와 정화조 찌꺼기를 처리해서 지렁이 흙을 만드는 사업을 20여 년 전부터 시작했어요. 지렁이 흙, 즉 지렁이 분변토는 조경과 원예에 도움을 주는 착한 흙이에요. 분뇨나 하수의 찌꺼기도 처리하고 지렁이 분변토를 판매해서 수익도 낼 수 있으니, 일석이조의 사업임이 분명하지요?

우리나라의 토양은 세계적으로도 질소의 함량이 너무 높아서 문제가 되고 있어요. 왜냐하면 질소와 인을 공급하기 위해 화학비료를 많이 사용하기 때문이에요. 물론 질소나 인이 넉넉한 게 잘못은 아니지요. 하지만 화학비료를 통해 인위적으로 질소와 인을 늘렸기 때문에, 미생물이 살 수 없어서 건강한 흙이 되지 못한답니다. 또 비가 내리면 다 쓸려 내려가서 황토물을 만들거나 강과 바다에 녹조를 일으키는 오염원이 되기도 하고요.

그러니 지렁이와 같은 동물의 도움을 받아서 흙을 건강하게 만드는 것은, 우리나라의 토양을 건강하게 만드는 데 중요한 일이랍니다. 땅에서 유기물이 순환하게 만들기 위해서라도 반드시 해야 하는 일이고요. 이 외에도 커피박이나 깻묵, 톱밥 등 다양한 부산물을 이용해서 퇴비를 만들 수 있어요. 유기물은 대부분 토양을 통해 순환자원으로서의 역할을 하기 때문이랍니다.

꼬물꼬물 지렁이 키우기

그러면 우리도 한번 토양을 건강하게 만드는 지렁이를 키워볼까요? 집에서 지렁이를 키우면 여러모로 좋답니다. 음식물 쓰레기를 퇴비로 만들 수 있어서 음식물 쓰레기를 줄이는 효과도 있고요, 화분이나 텃밭의 흙으로도 사용할 수 있어요. 길을 가다 만나는 지렁이는 징그러워 보이기도 하지만, 사실 우리에게는 너무나 고마운 동물이에요.

지렁이를 키우는 방법은 몇 가지 원칙만 지키면 간단하답니다. 지렁이는 햇볕을 싫어하고 물기가 있어야 해요. 그러니 햇볕이 안 들고 축축한 환경을 만들어 줘야 하는데요. 가정에서는 나무상자나 플라스틱 상자를 사용해도 됩니다. 단 깊이는 20cm 이상 되는 깊은 상자가 좋아요. 상자 특성에 따라 관리 방법이 다르긴 해요. 플라스틱 상자라면 침출수가 고이게 한 다음, 밸브로 침출수를 빼서 액체 비료(액비)로 활용하게끔 만들 수 있어요. 두부 상자는 구멍이 뚫려 있어서 그곳으로 지렁이들이 오갈 수 있지요. 그래서 여러 층을 쌓아서 만들 수도 있답니다.

자, 이제 지렁이를 구해 와야겠죠? 우리에겐 민물낚시용 미끼 생지렁이가 필요해요. 이 지렁이는 우리가 길에서 보는 지렁이와는 다른 종류로, 낚시지렁이과 붉은줄지렁이예요. 지렁이를 1통 사 와서 상자에 넣어줄 건데요. 지렁이가 잘 살기 위해서는 약간 부드러운 흙이 필요하답니다. 그래서 산이나 공원에서 낙엽이 썩어서 생긴 부엽토나 원예용 상토를 구입한 후 일반 흙과 섞어서 바닥에 깔아줍니다.

10~15cm쯤 흙을 깔아준 다음엔 물기를 줘야 해요. 지렁이가 축축한 흙을 좋아한다고 말씀드렸죠? 습기가 70%쯤 되는 게 좋아요. 물을 뿌린 후 손으로 흙을 꼭 쥐어보면, 흙이 서로 뭉치는 정도를 보고 적당한지 판단할 수 있어요. 흙이 어느 정도 뭉쳐지면 적당한 습도가 된 거랍니다.

이제 그 흙에 음식물 쓰레기를 넣어줄 차례예요. 대개 음식물에는 물기가 많기 때문에 적당한 수분을 유지하게 돼요. 하지만 부족해 보인다면 분무기로 물을 뿌려주면 된답니다. 염분이 많거나 기름기가 있는 음식물은 넣지 말아야 해요. 그러니까 먹다 남은 반찬은 소금기가 많아서 지렁이에게 좋지 않겠죠? 그리고 고기나 생선 찌꺼기 역시 벌레들이 낄 수 있고 기름기가 많아서 지렁이에게 좋지 않답니다. 그래서 지렁이에게 주는 음식물 쓰레기는 조리 과정에서 나오는 쓰레기, 과일 껍질이나 채소 찌꺼기 같은 것이 적합해요.

그리고 음식물 쓰레기가 있다 보니 파리가 알을 낳을 수 있는데요. 청결을 위해서 모기망을 씌워주면 깔끔한 상태로 유지할 수 있답니다. 그렇게 집까지 잘 만들어 주었는데 지렁이가 탈출이라도 해버리면 말짱 헛수고가 되겠죠? 방법은 간단해요. 지렁이 상자를 밝은 곳에 두고, 약간의 빛만 투과할 수 있도록 뚜껑을 덮어놓으면 돼요. 지렁이가 밝은 곳을 싫어해서 도망가는 일은 없을 거예요.

그렇게 만든 지렁이 분변토를 꺼내서 사용하려면 어떻게 해야 할까요? 저는 마당의 한 귀퉁이에 상자 텃밭을 만들고 지렁이를 살게 한 후, 그 상자의 반을 나무판으로 덮어두었답니다. 그러면 햇볕을 싫어하는 지렁이는 나무판을 덮어 준 쪽에만 있게 된답니다. 지렁이를 옮겨서 흙을 이용하고 싶을 때는, 덮개가 없는 쪽에 음식물 쓰레기를 넣은 후 그 위를 덮개로 덮어줘요. 자연스럽게 지렁이들이 먹이와 덮개가 있는 쪽으로 옮겨가게 되지요. 그러면 저는 지렁이가 원래 있던 곳의 흙을 퍼내서 쓸 수 있었답니다.

가정에서는 이렇게 해 보세요. 지렁이 상자에 어느 정도 흙이 만들어졌다 싶으면, 일주일쯤 음식물 쓰레기를 넣어주지 않습니다. 그리고 때가 되면 밝은 곳에 비닐시트나 분갈이용 매트를 깔고 그 위에 흙을 쏟아 놓아요. 그런 후에 흙의 겉 부분을 살짝 긁어내면 빛을 싫어하는 지렁이가 다시 흙 속으로 옮겨 간답니다. 그렇게 흙을 긁어서 따로 모으면 분변토를 활용할 수 있어요. 그리고 남은 흙과 지렁이는 상자에 넣고 다시 키우면 된답니다.

생태 화장실 만들어 보기

앞에서 수세식 화장실이 유기물의 순환 과정을 끊어버렸다고 말한 바 있지요? 권정생 선생님이 지은 책《강아지똥》에서도 강아지똥이 생명을 탄생시키는 소중한 자원임이 잘 드러나지요. 그렇듯이 분뇨는 토양의 거름으로 매우 소중한 자원이랍니다. 그러나 무턱대고 밭에 화장실을 만들었다가는 위생 문제를 일으키는 '문제적 인물'이 될 수 있으니 조심해야겠죠?

귀농했거나 도시 텃밭을 일구는 일부 농부님들은 대소변을 퇴비로 순환할 수 있는 생태 화장실을 제작하려는 시도를 하고 있대요. 하수 처리 구역이 아닌 곳에서 하루 2톤 미만의 오수가 발생하더라도, 하수 처리시설을 통해 처리하려면 정화조를 갖추어야 할 의무가 있어요. 하지만 하수 처리시설로 보내지 않는 생태 화장실이라고 하더라도 악취와 위생은 필수적으로 고려해야 하겠죠?

일단 생태 화장실은 변기의 구조를 잘 설계해서 대소변을 분리할 수 있어야 해요. 그래야 악취를 예방할 수 있답니다. 빗물이 유입되지 않게 지붕은 방수 작업을 해야 하고, 방충망을 설치하여 벌레가 들어오지 못하도록 관리해야 하고요.

대변은 톱밥이나 낙엽 등 목재류나 왕겨, 나뭇재로 덮어줘야 냄새가 나지 않아요. 소변도 암모니아 냄새를 억제하려면 탄소 성분이 많은 톱밥이나 목재료로 충분히 덮어 줘야 해요. 그러면 발효 과정을 통해 거름이 될 수 있답니다. 유기물의 순환 과정에서 설명한 것처럼 탄질률, 즉 탄소와 질소의 비율을 잘 맞출 수 있다면, 유기물이 토양으로 순환하는 데 큰 어려움 없이 활용할 수 있답니다.

맺으며

우리의 조그만 '불편함'이
지구의 심장을 힘차게 뛰게 한다면

이 책을 쓰면서 가장 큰 고민은 '불편하지 않은 자원순환은 가능할까'라는 것이었답니다. '불편함'. 환경부는 일회용 플라스틱 빨대를 사용하지 못하도록 규제 정책을 만들 것이라고 예고한 바 있는데요. 하지만 소비자들의 불편과 소상공인들의 불만을 이유로 유보하였어요. 그 바람에 종이 빨대나 자연 분해되는 대체 빨대를 개발한 사업자들이 오히려 큰 피해를 입었지요. 고작 불편하다는 이유로, 기술을 개발한 사람들이 왜 손해를 입어야 했을까 하는 생각에 속이 좀 상하기도 했답니다.

많은 사람들이 불편함을 줄이면서도 기술적으로 환경문제를 해결하기 위해 노력하고 있어요. 하지만 그런 사업들이 모두 성공하는 것은 아니에요. 왜 그럴까요? 대개는 비용이 더 들기 때문이에요. 종이나 해초로 만든 대체 빨대는 플라스틱 빨대보다 비싸답니다. 따라서 음료를 판매하는 사람들은 조금이라도 비용을 절약하려다 보니, 환경과 관련된 규제를 반대하는 경향이 있어요.

하지만 전 지구적으로 생각해 보면 상황은 달라져요. 플라스틱 빨대를 사용해서 발생하는 온실가스나 대기오염, 쓰레기 문제, 더 나아가서는 해양 생물이 입는 피해에 이르기까지, 우리가 치러야 하는 비용을 한번 생각해 봐요. 그렇게 본다면 대체 빨대보다 플라스틱 빨대의 비용이 훨씬 더 크겠지요. 하지만 우리 경제는 아직 그러한 지구적 비용을 시장가격에 담아내지 못하고 있어요.

많은 환경문제가 다수의 피해자와 사회적 비용을 만들어 내지만, 제품의 가격은 그러한 비용을 포함하지 않고 있어요. 너무나 많은 원인이 비용에 관여하고 있기 때문이에요. 그래서 사회적 비용의 일부를 기업이 감당하도록 제도를 만들었지요. 예를 들면 생산자책임재활용제도가 있어요. 제품이나 포장재의 제조업자, 혹은 수입판매업자 등이 그 제품이나 포장재를 반드시 재활용하도록 의무를 부여하는 것이지요.

과거에는 기업이 제품의 판매까지만 책임을 지고, 사용 후 폐기물은 소비자가 책임지는 방식이었어요. 하지만 따지고 보면 소비자는 제품을 선택할 수만 있을 뿐, 설계 과정에 참여하지는 못 하잖아요. 보다 재활용이 잘되도록 설계하는 것, 제품의 원료와 포장 방식을 결정하는 것 모두 기업의 선택이에요. 그렇기 때문에 기업이 오염의 원인자로서 책임을 다하도록 의무를 부여한 것이지요.

소비자가 친환경 제품을 선택하고, 포장재 없이 물건을 사는 등 노력은 다소 할 수 있어요. 하지만 당장 물건을 구입하는 처지에 놓이게 되면, 지구적 차원에서 비용을 생각하기란 쉽지 않아요. 지금 당장 내 주머니에서 나가는 돈을 생각하지 않을 수 없거든요. 빨대뿐만 아니라 수많은 일회용품이나 플라스틱 제품이 그런 대상이지요. 당장의 편리함과 자신에게 돌아올 이익만 생각하다 보면, 지금의 환경문제는 아무것도 해결할 수 없답니다.

그렇기 때문에 유엔을 중심으로 국제사회는 기후변화협약, 생물다양성협약, 사막화방지협약과 함께 최근엔 플라스틱을 규제하겠다는 방침을 세웠답니다. 국제사회의 약속에 따라 국가와 기업은 앞으로 플라스틱 일회용품을 무분별하게 사용하지 못하도록 법과 제도를 만들 거예요. 제도는 기업과 사람들의 행동을 변화시키는 좋은 수단이지요.

하지만 정부가 이랬다저랬다 하며 그 제도를 변경해 버린다면 어떻게 될까요? 사람들은 정부를 신뢰할 수 없을 거예요. 탄소 중립과 자원순환과 같은 지구의 환경문제는 기업의 요구에 따라 바꿀 수 있는 것이 아니에요. 지속 가능하게 인류가 지구에서 살아가기 위한 모두의 약속이기 때문이지요.

인류 문명은 과학기술의 발전을 거듭하면서, 인간의 불편함이나 수고로움을 기계나 다른 에너지로 대체하는 방향으로 성장해 왔어요. 물론 기술은 더 많은 생산품을 만들고 판매하기 위해 산업화에 동원된 부분이 더 크긴 해요. 사람이 직접 잡초를 뽑다가 제초제를 뿌리니, 인력이 덜 필요하게 되었어요. 인력이 덜 필요한 방식으로 농업이 가능해지면서, 모내기를 하던 사람들이 도시로 떠났지요. 그러자 빠져나간 인력을 보충하기 위해서, 이양기와 트랙터 등 각종 기계식 농업을 더 많이 도입하기 시작했어요. 그러나 단순히 사람들의 자리를 기계가 채웠다고 말할 수만은 없어요. 기계를 이용하는 편이 더 많은 생산을 할 수 있었기 때문에, 사람들을 대체한 것이라고 해야겠지요. 우리는 그것을 효율이라고 말하고요.

제조업에서도 기계를 사용하는 이유는 분명해요. 에너지만 공급하면 기계는 하루 종일 일할 수 있기 때문이에요. 기업가의 입장에서는 사람을 쓰는 것보다 기계를 도입할 때 훨씬 더 많은 이윤이 생긴다고 생각할 수밖에 없겠죠. 그러나 기계를 움직이는 에너지의 원천은 화석연료에서 비롯되었고, 결국 생산의 증가와 기술의 발전은 온실가스라는 형태의 부산물을 낳게 되었답니다. 그것은 다시 인간 사회에 기후변화라는 문제를 안겨 주었지요.

플라스틱 빨대를 고집하는 것처럼, 많은 사람들은 바로 눈앞에 벌어지는 이익에만 관심을 가져요. 그래서 사람의 에너지를 투입해야 할 분야까지 기계가 대체하면서, 에너지 사용은 비약적으로 증가하였지요. 재생에너지를 통해 탄소 배출량이 감소한다 하더라도, 미래 사회는 에너지 사용량을 반드시 줄여야만 하는 시대로 진입하였어요.

온라인 쇼핑의 시대가 열리면서 포장재의 수요가 폭발하였지요. 편리함을 이유로 일회용 플라스틱은 줄어들 기미가 보이지 않아요. 만약 누군가가 내 쓰레기를 대신 치워준다면 어떨까요? 편리함 때문에 정작 나 자신은 쓰레기를 줄여야 할 필요를 못 느끼게 될 거예요. 그런 면에서 '불편함'은 어쩌면 지구를 살리고, 우리 인류를 지속 가능하게 만들어 줄 '통증' 같은 것이 아닐까요?

우리가 통증을 느끼지 못하면 어떻게 될까요? 상처가 생겨도 상처가 났다는 사실을 알 수가 없고, 병이 나도 알 수 없을 거예요. 같은 이치겠지요. 지금의 기후변화로 인한 고통이나 재난은 "나 지금 무지 아파!"라는 우리 지구의 절규가 아닐까요? 우리 시스템이 건강하지 않다는 것을 지구가 온몸으로 말하고 있는 것은 아닐까요?

우리의 몸이 건강해지기 위해서는 건강식을 해야 하고, 염분을 덜 섭취해야 하고, 불편하더라도 많이 걸어야 하고, 주기적으로 강도 높은 운동을 해야 하잖아요. 코로나19 때문에 사회적 거리두기를 하다 보니, 소통에 어려움을 겪는 경우가 많아요. 직접 대면하는 일이 불편할 순 있어요. 하지만 서로의 거리를 좁히기 위해서는 직접 만나고, 대화하기 위해 더 노력해야 해요. 그처럼 지구의 건강을 위해서,

우리도 노력을 더 많이 기울여야 한답니다.

특히 우리의 노력으로 지구의 순환 시스템을 건강하게 유지할 수 있다면, 그 노력은 치료제나 건강식과 같은 역할을 하지 않겠어요? 채식을 함으로써 숲이 사라지는 것을 막고, 쓰레기를 함부로 버리거나 태우지 않고, 플라스틱처럼 순환하지 않는 물질을 최소화하기 위해 노력해 보아요. 그런 노력이야말로 지구가 들려주는 신음에 우리가 제대로 반응하는 방법일 거예요. 여러분은 어떻게 생각하나요?

지구를 살리는 수업 4

지구를 살리는 자원순환 환경수업

2024년 3월 15일 1판 1쇄 펴냄
2024년 7월 25일 1판 2쇄 펴냄

지은이 | 박숙현
펴낸이 | 김철종

펴낸곳 | (주)한언
출판등록 | 1983년 9월 30일 제1-128호
주소 | 서울시 종로구 삼일대로 453(경운동) 2층
전화번호 | 02)701-6911 팩스번호 | 02)701-4449
전자우편 | haneon@haneon.com
ISBN 978-89-5596-969-6 (03300)

만든 사람들
기획 · 총괄 | 손성문
편집 | 한재희
디자인 | 이화선
일러스트 | 이현지

Our Mission

– 우리는 새로운 지식을 창출, 전파하여 전 인류가 이를 공유케 함으로써 인류 문화의 발전과 행복에 이바지한다.

– 우리는 끊임없이 학습하는 조직으로서 자신과 조직의 발전을 위해 쉼 없이 노력하며, 궁극적으로는 세계적 콘텐츠 그룹을 지향한다.

– 우리는 정신적·물질적으로 최고 수준의 복지를 실현하기 위해 노력하며, 명실공히 초일류 사원들의 집합체로서 부끄럼 없이 행동한다.

Our Vision

한언은 콘텐츠 기업의 선도적 성공 모델이 된다.

저희 한언인들은 위와 같은 사명을 항상 가슴속에 간직하고 좋은 책을 만들기 위해 최선을 다하고 있습니다. 독자 여러분의 아낌없는 충고와 격려를 부탁드립니다.

• 한언 가족 •

HanEon's Mission statement

Our Mission

– We create and broadcast new knowledge for the advancement and happiness of the whole human race.

– We do our best to improve ourselves and the organization, with the ultimate goal of striving to be the best content group in the world.

– We try to realize the highest quality of welfare system in both mental and physical ways and we behave in a manner that reflects our mission as proud members of HanEon Community.

Our Vision

HanEon will be the leading Success Model of the content group.